介護している
あなたが一瞬で
楽《ラク》になる
声かけ

介護現場での
感染症対策も
充実!

介護福祉士
大石 幸枝 著

自由国民社

はじめに

コロナ禍において人々の生活は一変しました。

ステイホームでずっと家に閉じこもる生活を余儀なくされても認知症の方のいるご家庭では基本的に声かけ方法は変わりません。むしろ皆が家にいることが多くなると認知症の人は穏やかになります。ただし介護している方は用事が増えるのでずっと一緒にいれば空気が吸えなくなるほどの圧迫感を感じ、介護うつ病の素になります。認知症の人はそういう相手の感情に敏感ですから、家の中の空気も悪くなります。鍵になるのは介護する人の長・中期に渡るメンタルケアなのです。

そんな時は窓を開けて空気の入れ替えをして、本文で紹介している早見表を見て下さい。それから窓を閉めて介護している人のみで近所への軽い散歩をしにそっと出かけていくのも得策です。ホームヘルパーさんも星のキレイな夜にでも少し散歩をされると良く眠れますよ。介護される人もする人も、みんながチームで幸せに暮らせるようにすることが何よりなのです。

この本は認知症のお年寄りを介護する方々に（これから介護する人も含め）困った時にすぐに役立つ、なるべく短い一言を集めた声かけの本です。介護される人が興奮しないで穏やかになる方法を表にして、あんな時こんなことで困った時、皆さまが普段から自然に使えるように貼っておいていただくハートケア早見表を中心に、自分の健康も大切にして介護される人と共に生きていけるように毎日出来ることを書きました。一番大切なのは、介護に苦悩しているあなたの心身です。

介護にお疲れになったら・・・

I LOVE ME

自分自身を愛して
自分自身をハグして
これが一番大切です

プロローグ

　これまで介護ヘルパーとしての立場から認知症介護のいろいろな本を拝見し、認知症のあらゆる角度からの講習会に参加してみて分かったことがあります。認知症の人を助けて思いやりある接し方等、認知症を進行させない方法や、介護チームワークフォーラムなどでその気配り、方法はこれまでも多く研究されています。ですが、実際に介護する家族や在宅でのホームヘルパーさんたちが行う自宅介護の現場の声をなかなか見かけないもどかしさがありました（それぞれのお宅での守秘義務があり、他人に漏らしてはいけない法律があるためです）。

　私も3人の家族介護経験者であり、２０１９年8月末１００歳にて他界した認知症の姑と暮らしながら、社員在宅ヘルパーとしても忙しく現場の利用者さんや家族と接して来ました。その中で、介護する側の心理や苦悩をリアルに隠さず、お伝えできればより深く解決方法が見つかると思い、執筆しました。

筆者が開設しているブログでもその時々の悩みや解消法をお伝えしていますが、皆さまの頭の中でより整理して、日常的に無理なく使っていただける方法を考えてみました。特に介護している家族にとっては、きれいごとなどは必要ありませんし、理想的なことばかりが書かれていても役に立たないと思ってしまいます。自分の立場を嘆いて解決できないいらだちが募って介護うつ病になってしまう。介護される人が亡くなっても、うつ病からなかなか脱することができず、自分の人生って何十年も何のために生きてきたのだろう？　と犠牲を強いられてきた他の家族への憤りは静まらず絶縁という形をとる方々が多くなってきています。

介護をしている人と介護に携わらなかった家族の気持ちとは異なりますので、同じ悩みを持つ介護をしている人たちやホームヘルパーさんたちと共に悩みを共有することが大切です。

人間が「いのちと向き合う」真剣な場だからこそ得られる、人生の醍醐味を得て人として成長しスッキリとした余生を過ごしていただけるように、工夫してみんなで共に頑張っていければと思っています。

姑が他界しまだ少し温かい顔を撫でながら、私はずっと「ありがとう」を繰り返していました。二十数年の介護（同居四十年）と色々な葛藤で疲れその度毎に成長していく自分を形成し、向上させてくれたのは、家族介護から逃げなかったからだと思います。

介護する人は全部に責任を背負わず受け止めなくても良いのです。完璧にやろうとする「やり過ぎ介護」は危険です。一番必要なのは自分のストレスをどう発散するか？　デイにもショートにも行ってくれない認知症の人をどうするか？　何年もずっと介護していればうんざりするし、イライラするのが当たりまえ。そんな気持ちを封じ込めて介護される人の言うことを丁寧にいちいち説明し、傾聴していれば介護うつ病になってしまいます。やらない家族はわかっていないのだから聞き流すことも必要です。きれいごとや良い子は要らない。あなたがもっと自由に羽ばたけることが一番大事です！「そんなこと言ったってここにいる人を放っておけない」という考えは、自分の命を縮めるだけです。「私がいなくても誰かがやってくれる」という楽天感が全てを救います。真面目に取り組まず少しは手を抜いて、本書で紹介している要領よいポイントを頭に入れれば、解放された時間を過ごせます。夢中で介護していると気が付かないうちに自分の体が悪くなって、心臓に負担をかけてしまいます。介護している方が先に亡くなることも多々あります。

一人で背負わないでください。余裕が全てを救います。

目次

第一章

「声かけ」だけで介護が100倍楽になる

どうして声かけが大事なのか？

現在は病院で亡くなる方が多いのですが、在宅で介護をされて、在宅で亡くなるという方法が、お金もかからず本人の意思も尊重できて理想的ということで、徐々に増えています。国の方針も「高齢者の尊厳を大切にして」という考え方のもと、在宅介護の方向に傾いています。

在宅介護が増えていくと、介護離職は5年間で50万人にも上ると予想されており、介護する家族の精神的、肉体的経済的負担は大きくなってしまいます（次ページグラフ参照）。

社会的に孤立し、デイサービスやショートステイなどを拒む高齢者とずっと一つ屋根の下で暮らすことはイライラから地獄の日々と思うようになり、不安や孤立感が募り、介護うつ病になり、家庭内老人虐待や、逆に少し元気な老人による家族への暴力も多くなります。コロナ禍になって介護殺人も増え始め、負の連鎖を招いています。特に認知症の高齢者は1分前に自分がしたことを全く覚えていないので、介護同居している家族の言い知れぬモヤモヤ感は蓄積されていき、そして介護離職をすればかえって負担を増やします。コロナ後は介護されている方の不安も大きく、デイサービスやショートステイも余り好まないとされるご家族もおられますが、全部ご家族で行うのは介護される方々の肉体が持ちません。無理はお互いの命を縮めます。

これまで、10年以上、５００人以上の認知症の利用者さんや、家族介護で観察した結果、認知症の高齢者には一定のパターンともいえる同じような言葉を発していることに気が付きました。

介護される人にその言葉を納得させて介護する側が打ち消すことができれば余計な争いが減ってお互いが楽に暮らせます。また、専門職の看護師さんやヘルパーさんも協力することによって介護する家族の介護うつ病を減らすことに繋がります。

今まで何年もかかって苦労して得た一言を自然にいつも目にしているだけで、その時、瞬時に〝**ああ言われれば、こう返す**〟。

そして頑張らない認知症介護の基本である声かけを身につけて下されば、介護に携わる方々の明るい未来が見えてきます。

【介護離職後の負担の変化】

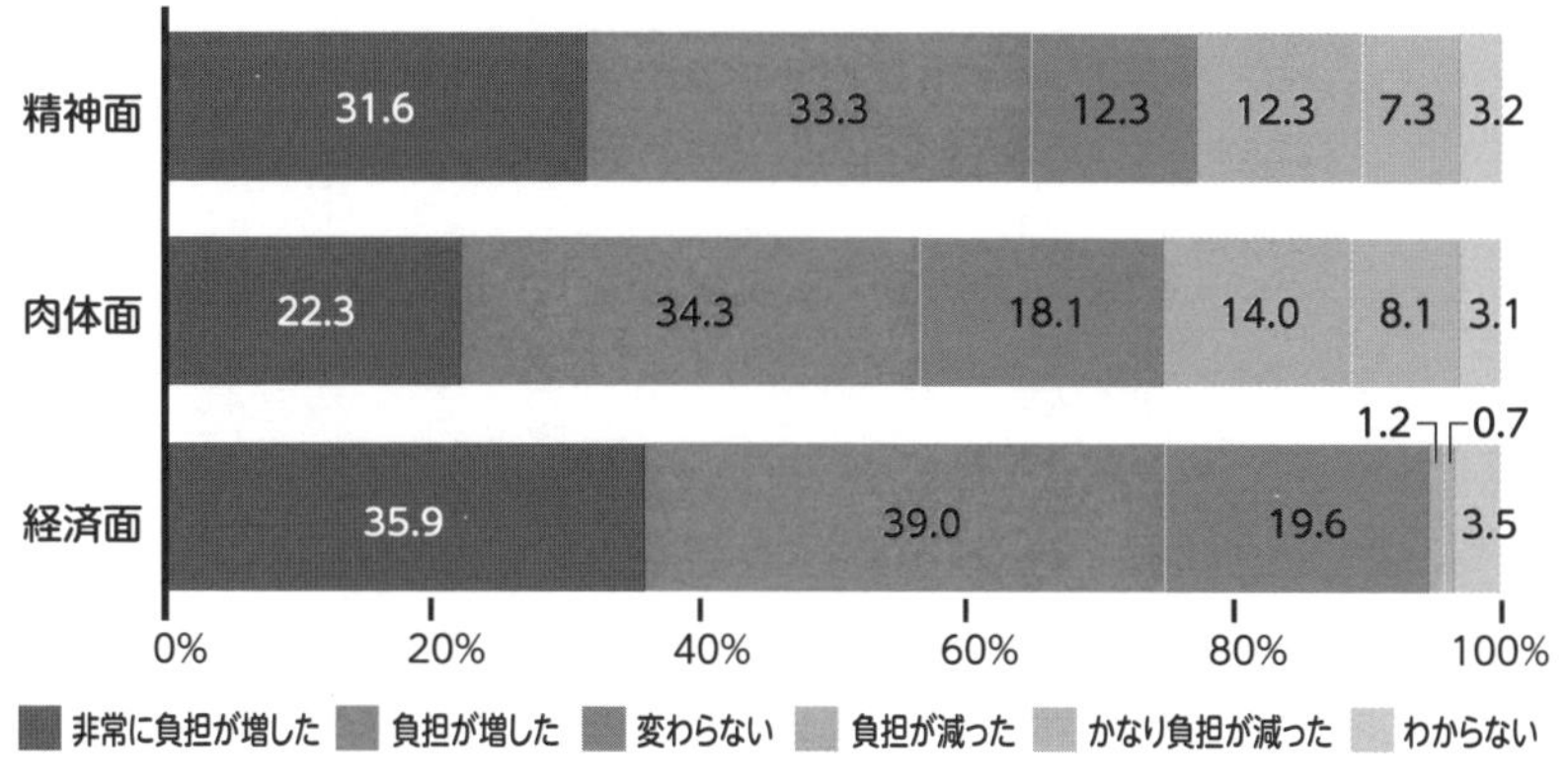

【出所】三菱 UFJ リサーチ&コンサルティング株式会社「仕事と介護の両立に関する労働者アンケート調査」（平成24年度厚生労働省委託調査）
《調査対象》40歳代～50歳代の介護を機とした離職者男性・女性（離職前は正社員）計1,000人
《調査方法》インターネット上でのモニター調査による

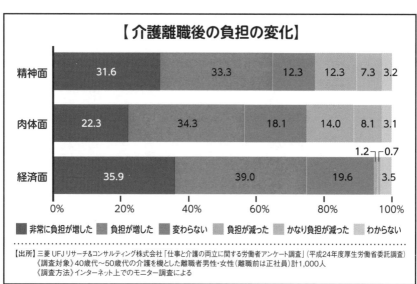

◎声かけの意味とは・・・

声かけをするのは、お年寄りをいきなり触らないで、驚かせず**これから行う動作の準備をしてもらう**ためと、**スムーズなコミュニケーションをとる**ためです。いずれにしろ、常日頃から伝えようとするこちらの意志が必要です。そして、分かりやすく相手に伝わることが大事です。

一例として、「あおむけになって下さい」ではなく「上を向いて寝て下さい」という風に自分が楽に動けている時はすぐ反応できますが、体が動きにくくなっている方に対して動作を促す時は、よりシンプルな声かけが大切です。

◎より分かりやすい伝え方で・・・

より分かりやすく、凝縮した一言で。

立ちたいけど立てない人の気持ちを汲んで、いきなり立たせるのではなく立たせる前に「少し浅くすわりましょうか?」と声をかけます。すると、立つまでの動作がスムーズになり、笑顔になります。介護される人の気持ちを汲むことが大切です。

自分が楽に動いている時は、相手も楽に動けているということになります。逆に無理やり動かそうとする時は、反発を招いて動かなくなります。こちらの声かけと誘導次第で驚くほど相手はスムーズに動けるのです。

◎いつでも、どんな状況でも使える究極のあいづち・・・

◆褒め上手になって、その気にさせる

相槌を打って信頼を深めてプライドを満足させる（昔の話や自慢話が多くうんざりした時には）

●5つの簡単語録 〝さしすせそ〟

❶ さすがですね
❷ しらなかった～
❸ すごい
❹ センス良いですね～
❺ そうなんだ～

◆相手をよい気分にさせる かんたんあいづち

同じお話にほとほと疲れ果てた時、気持ちが楽になる

●5つのお返事 〝はひふへほ〟

❶ は～　（関心、感心）
❷ ひぇ～（驚き）
❸ ふ～ん（共感）
❹ へぇ～（共感）
❺ ほぉ～（感心）

疲れない介護の近道

【綴じ込み資料】貼って、見て、言う、「ハートケア早見表」

～繰り返し行って習慣にしましょう～

このハートケア早見表にまで行き着いたきっかけは、認知症の人が、一様に同じパターンの言葉を一日何十回、何百回も繰り返し使っていて、そこにほとんどの皆さんがストレスを感じている為、それを解消できる術はないか？と考えたからです。

長年ホームヘルパーをしていていろいろなご家族を拝見していると、皆さま介護疲れでいっぱいで、そのイライラをどう解消しようかと、必死に悩んでおられます。

出口がなかなか見つからない、余裕がない、思うようなところに排尿してもらえない等、一緒に暮らす家族は、私が感じる限りほとんどの方々が介護ノイローゼか、それに近い状態になっています。スマホやパソコンでいろいろ検索してみても、それぞれの実情に合致した良い対処法や効果は無かったりします。周囲の方（ケアマネ、提供責任者、ヘルパーさん、看護師さん）の助けや、自身の苦労の末に、やっと少しずつ自分を取り戻していくというのが現状で、そこに到達するまでには、多くの時間とストレスがかかってしまいます。同時に仕事をもっている方はさらに大変です。そこで、自分の体験や、熟練ヘルパーさんたちの体験を元に、もっと早くに解決できる方法はないか？と考え、分析してみました。

ある日、夜特に多発する言葉を書き留めてみたり「忘れる」を逆手にとって、こちらが上手に一声かけると、見事に介護される人の態度が一変しました。そして、これを誰もが使えるわかりやすいものにできないものかと考えていたところ、ハートが思い浮かび愛の早見表となりました。この声かけをいろいろな利用者さんにも試してみたところ、一言で劇的に変わる大きな効果を実感したのです。家族の言い方、ヘルパーさんの言い方ひとつで、双方が瞬時に気持ちよく笑えます。この声かけを表にまとめたものがハートケア早見表です。ヘルパーさんも改めてて見ていただくことによって服薬カレンダーやごみ収集日カレンダーのように、常に目に付く場所に貼って、ネガティブに呑み込まれていく自分を取り戻すことができるのです。
また、人の手を借りることによって、家族みんなの心に余裕をもたらし、そのサイクルがうまく回りだすと、ほどよく力を抜いた、より長続きする介護を創りだします。介護はチームワークが大切です。「ここぞという時の声かけ！」を表の中に書いています。何千人もの命、心と接して得た日本人として大切なグッとくる一言です。単純ですが繰り返し行うと習慣になり円滑に事が運びます。

大きく17パターンに分けて分かりやすくしました。
いつも目に付くところに貼っておけば自然に頭の中に入ります。
ちょっと使ってみて下さい。
17の言葉について、順番にご説明します。

17の声かけ

［ハートケア早見表］

①

寝てる!

あらまあ、
おはようです

おはよう
ございます

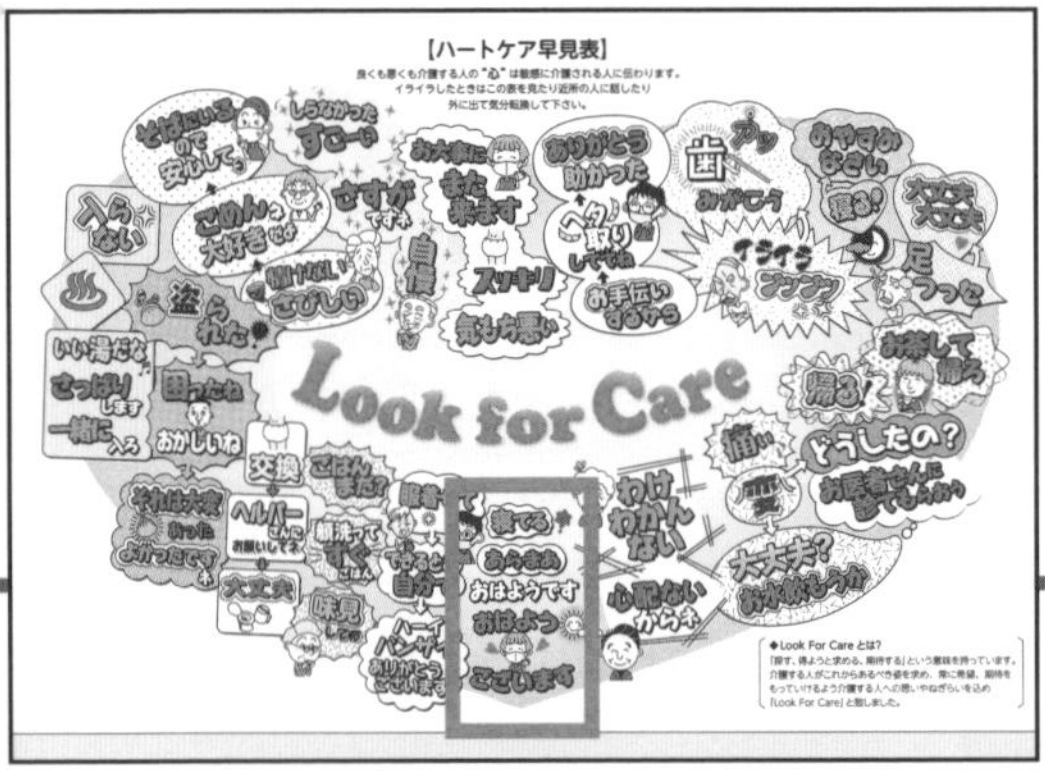

解説

なぜこんなことが重要なのでしょうか？ 年をとって眠りにつくことは永遠に眠るのではないか？ といつも不安を抱えています。目覚めた時に誰もいない不安はなおさらで必ず、家に誰かいないか…一人ぼっちは嫌だ、今日はいつ？ ここはどこ？ 私は何をすれば良いの？ と混乱しています。眠れないお年寄りも多く明け方はかえって眠くなる人もいます。不安と混乱から朝からしつこく家族などに今日は何日何曜日？と何度も同じことを訪ねてきます。

家族の朝は忙しいので、遠くの方や二階などから「おはよう」と言っても通じません。近くに行って正面から顔を見て「おはようございます」とハッキリ言えば、朝がきたと納得します。年を取ると水中眼鏡をつけているように視野が狭くなるので、この言葉が効果的なのです。あまり無理強いで起こさず「あら、まあ」仕方がないと寛容に対応し、しっかりと一日の始まりを意識していただけるのも、ご挨拶から始まります。ヘルパーさんは明るく太陽のように安心をお届けする存在です。「おはようございます」と大きな声で対応します。

②

服着せて

できるところは
自分で

ハーイ、バンザーイ、
ありがとうございます

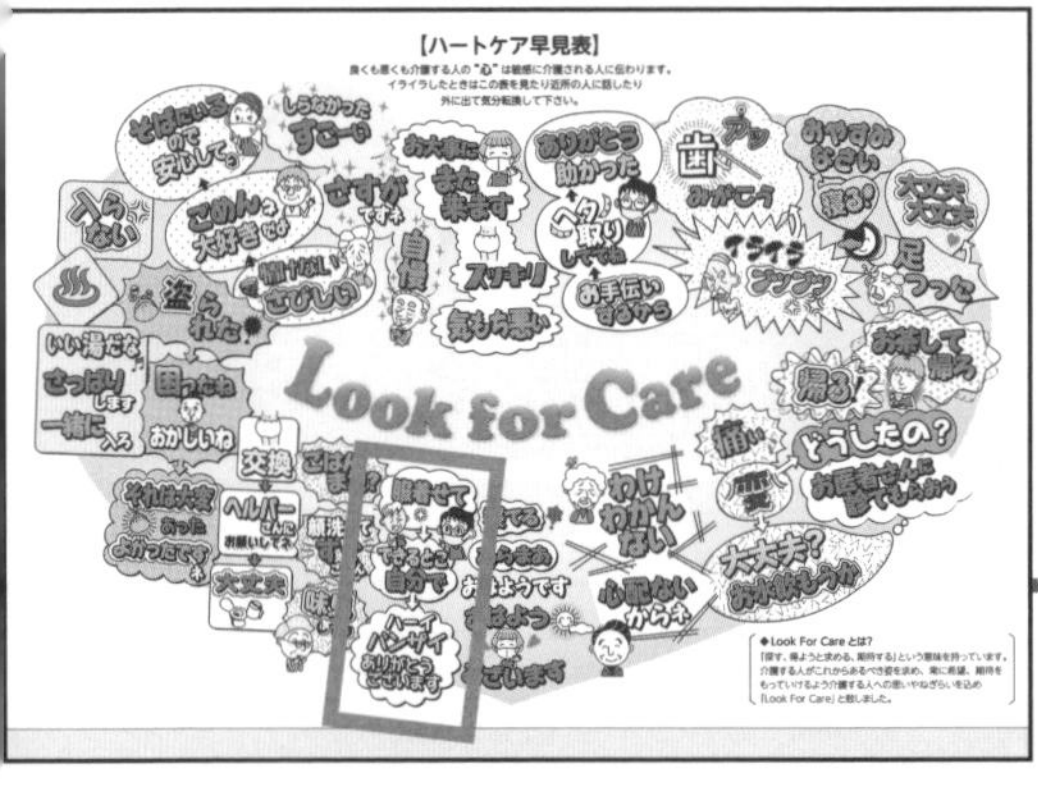

解説

朝目覚める時、なかなか起きてこない等、声をかけてもぐずぐず言います。春、秋、冬はベッドをできるだけ温めて体が痛くて起き上がれないといったら、耳元で大声ではなく、ゆっくりと普通の声で「寝たきりになりますよ」と言ってベッド上で温タオルを使用し顔を拭きます。目が起きてなければ目のまわりに軽く軟膏《なんこう》を塗って、顔に化粧水などをつけます。無理に起こすと手をギュッとつかまれて洋服を引きちぎらんばかりに持たれて「すごい力」が出て顔色が変わり放さなくなります。「あなた誰？」と聞かれて「ヘルパーです」とか「嫁のA子です」等と返事をすると不思議にスルッと手の力が抜けてまた、押問答が続きます。死にそうな甘えの言動もしますので、その際は決して逆らわないことです。手足が使えて寝たきりでなければ自分の着替えは自分でするのが基本です。朝は億劫で面倒くさいのも先に立ち、洋服の着方がわからなくなるなどの不安があり、人に頼りがちです。

ですが、全部やってもらえば物忘れが余計にひどくなり、やがて何もできなくなってしまいます。できるだけ見て見ぬふりをしていると勝手に起きて自分で着ます。寒いのに夏服だったり、暑いのにセーターを着たりしていたら少し手伝い、さりげなく声かけをして、着替えを促します。その際「ハーイ、バンザーイ」と、体操のように手を伸ばしていただきこちらが笑顔で「ありがとうございま～す」とユーモアを交えて感謝すると、本人のやる気をそぐことなくスムーズに着替えができます。

③

ごはんまだ？

顔洗って すぐ
ごはん

味見してね

解説

気候の変動や、みんな忙しくしているので甘えが通用しない時などは、機嫌が悪くなります。自分が早く起きてしまった時などは特にそうです。

「何でこんなに遅くまで寝ているのだろう？」と家人の人を攻めたてます。そんな時は「顔を洗って下さい」など一日の始まりの誘導などをして「すぐ」という言葉を強調してテーブルに素早く食事を並べますと、行動を促すことができ、安心感を与えます。

認知症の方の朝の気分によって仕事をしている家族は、遅刻になりかねないので、要領よく決して逆らわず「そうね」「ごめんなさいね」などの言葉で、本人の気分を害さない工夫をします。「ちょっと味見してね」などの言葉をかけると自分の味を大切にしてくれていると思い、積極的に行動してもらえます。決して急がさないで自分のペースでやってもらって下さい。お年寄りのプライドが満足します。

おむつ交換

④

ヘルパーさんに
お願いしてね

（トイレ）
大丈夫？

解説

食と排泄は人間の基本です。朝の排泄時、トイレに行ける人は良いですが、少しでもふらつきなどがあればベッド横のポータブルトイレに座ってもらう習慣を身に着けていただき、間に合わない屈辱を減らします。朝は特に尿漏れになった場合、本人が一番気持ち悪い思いをしています。

ホームヘルパーさんは排泄介助の専門職です。朝8時くらいには来られるので、忙しかったり、時間がかかってできない家族の方はホームヘルパーさんにおむつ交換してもらうことも可能です。特に朝スッキリと清潔なパンツに履き替えることは本人の意識をシャキッとさせて、一日の生活をスムーズに移すことができます。

⑤

盗られた！

困ったね、
おかしいね～

それは大変、
あって良かったですね

解説

物盗られ妄想は、認知症のほとんどの人に見られます。いくつになってもお金は大事なのですが、どこに置いたか忘れてしまう自分への不安で人に聞くしかなくなります。そんな時、家族やホームヘルパーさんは家の中のどこかにあるのだから、慌てずゆっくり落ち着いて一緒に探します。困ったね、おかしいね、と同調し、気分を和らげます。大抵、押し入れの中とかタンスの奥の方や、枕カバーの中などに隠していたりします。でもそのことはスッカリ忘れているのです。一緒に捜して先に見つけたら、さりげなく本人をその場所に誘い、「アッ！ あった！」と演じます。そして本人に納得してもらい、必ず「良かったですね」とねぎらいの言葉をかけて下さい。こんな時は本当に目が輝いて、心から嬉しそうに安心し「ありがとう」を連発してくれます。

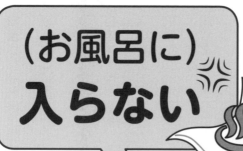

⑥

（お風呂に）入らない

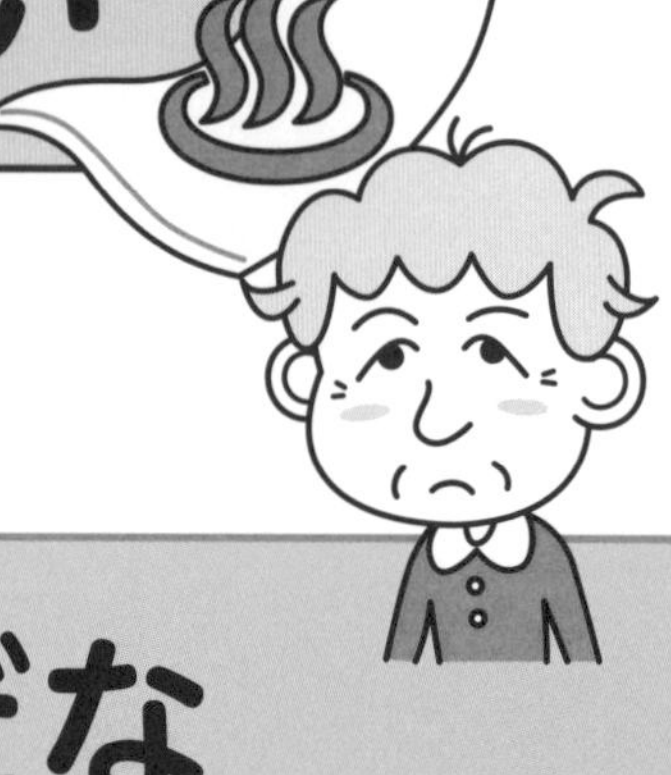

いい湯だな さっぱりします 一緒に入ろう

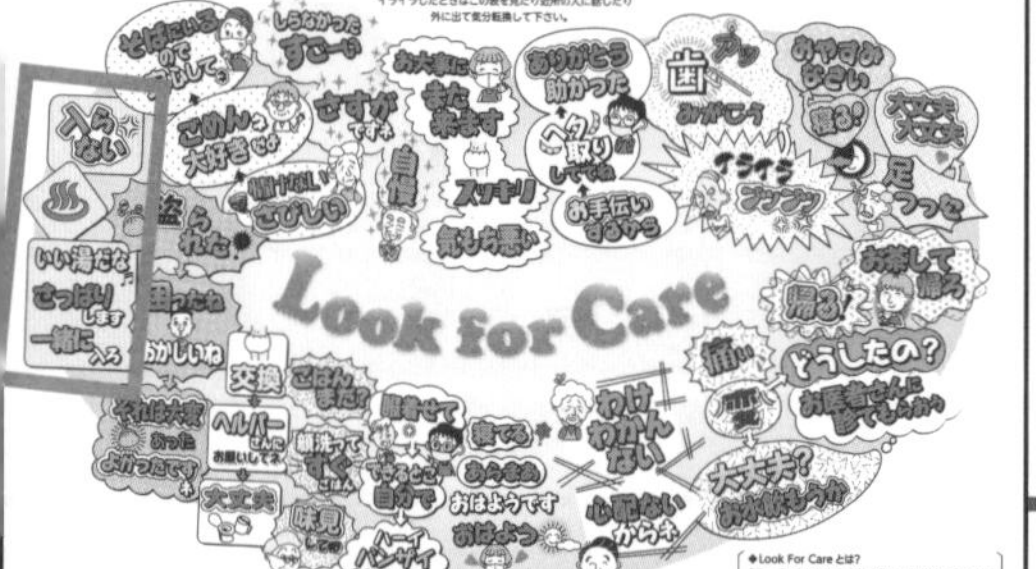

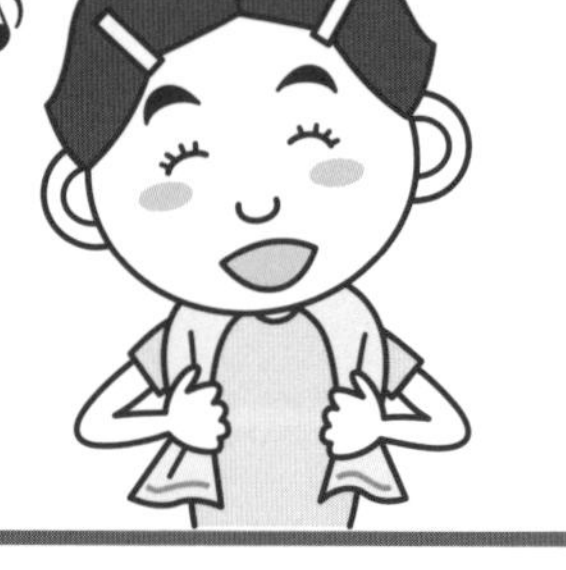

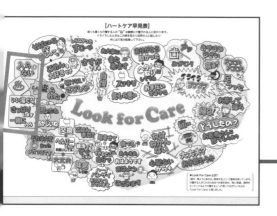

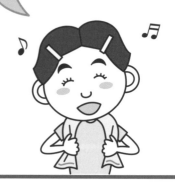

解説

介護される方の中で、1年も2年もお風呂に入らない人は意外に多く、少しでも顔などを拭けば自分は清潔だ、と思ってしまう傾向があります。そういう場合、家族はヘルパーさんに任せましょう。ヘルパーさんは専門家ですので無理強いせずにまず足浴をして気持ち良くポカポカになっていただき、清拭《せいしき》から入って、何か月もかけて「お風呂に入るともっと血行が良くなってさっぱりしますよ」と誘導します。利用者さんが納得したところで、ゆっくりとご本人の愚痴や昔話を傾聴しながら、シャワーや入浴を一回でも入っていただくと、気持ち良いことが分かって続けて入ってくれます。忍耐が必要ですが諦めずじっくり対応していきます。いい湯だな♪と鼻歌を歌ったり、明るく対処。「一緒に入ろう」という言葉は安心感を与えます。脱衣所に一緒に行ければ成功です。決して「くさい」と言ってはダメです。

⑦

情けない、さびしい

ごめんネ、大好きだよ

そばにいるので安心してね

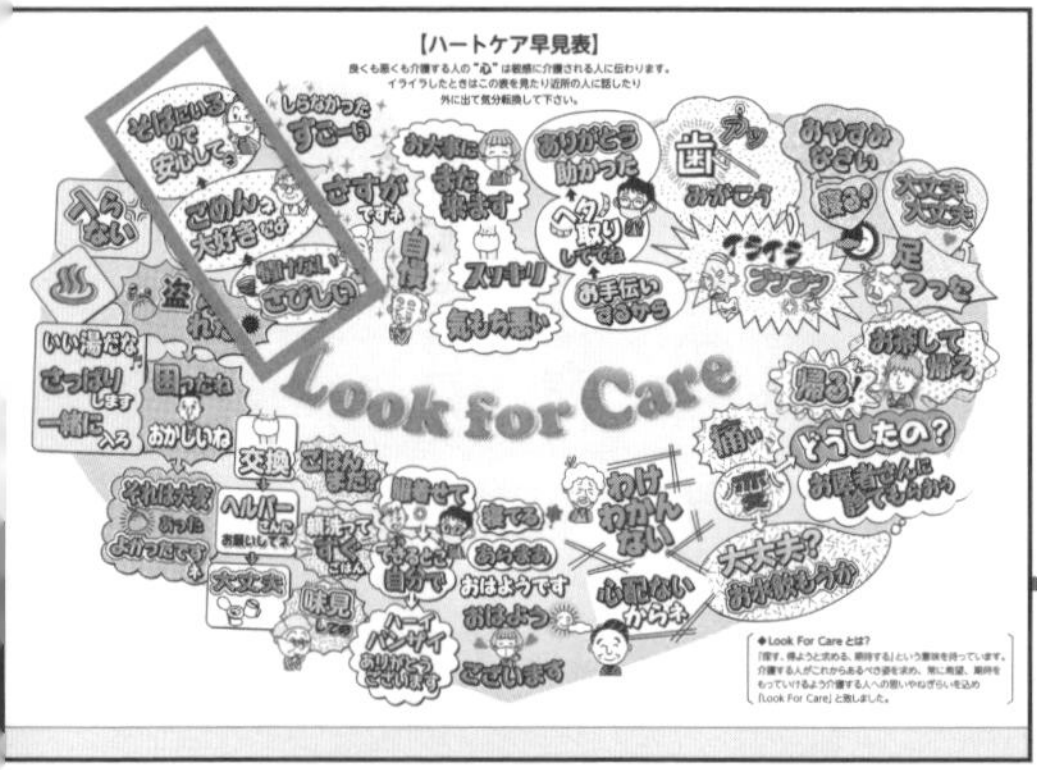

解説

認知症の人はどんどん何もできなくなっていく自分自身が情けなく、人に追いていかれるようで、大変な寂しさを感じて暮らしています。

人がいても「私はいつも一人ぼっち」と思い込んでいます。自分の存在を知って欲しいので沢山見てあげて、手を握ってゆっくり話して、微笑んで、いつでもそばにいるから、と安心感を与える声かけが大事です。介護する家族は八つ当たりのようなことを言われても悪くなくても「ごめんね」と、一歩下がって演じて対処し、いつも愛しているからと大好きコールをしてあげます。ただし介護疲れが出てくるとこちらのイライラが先に立ち、さみしさを紛らわせてあげられません。自分だけで対処せず、ヘルパーさん、近所の人、他の家族に頼って気分転換し外に出て違う空気を吸ってきて下さい。よくも悪くも「心」は敏感に反応します。介護する側の心の余裕が一番大事です。

8

自慢！

さすがですね

知らなかった、
すごーい

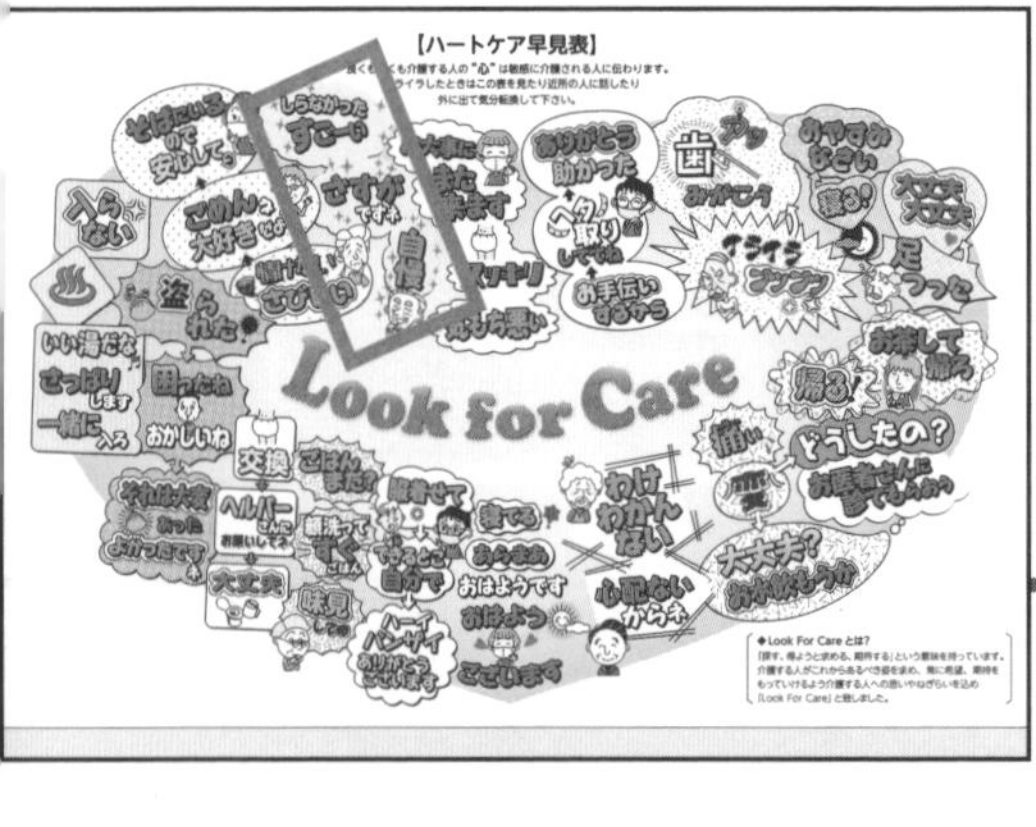

解説

年を取れば過去の栄光が全てです。できるだけ自慢話を聞いてあげましょう。

ただ、何度も同じ言葉を繰り返されるとうんざりしてしまいますので、適当に風の如く通り過ぎた自慢話として受け取る工夫も大事です。

「さすがですね」「知らなかった」「すご～い」等と得意になっている方を持ち上げて、時々「へぇ～」「そうだったのですか?」等で流すと、聞いている方も疲れずに済みます。

⑨

気持ち悪い

(おしり)
スッキリ

お大事に、
また来ます

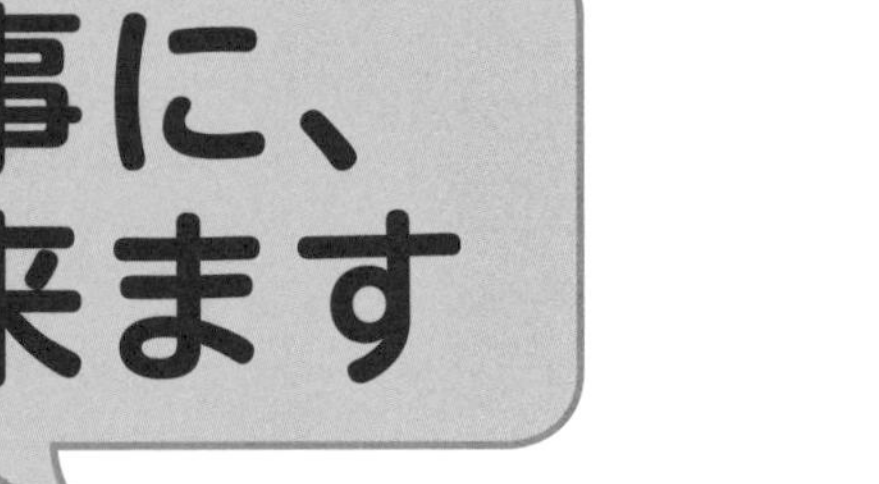

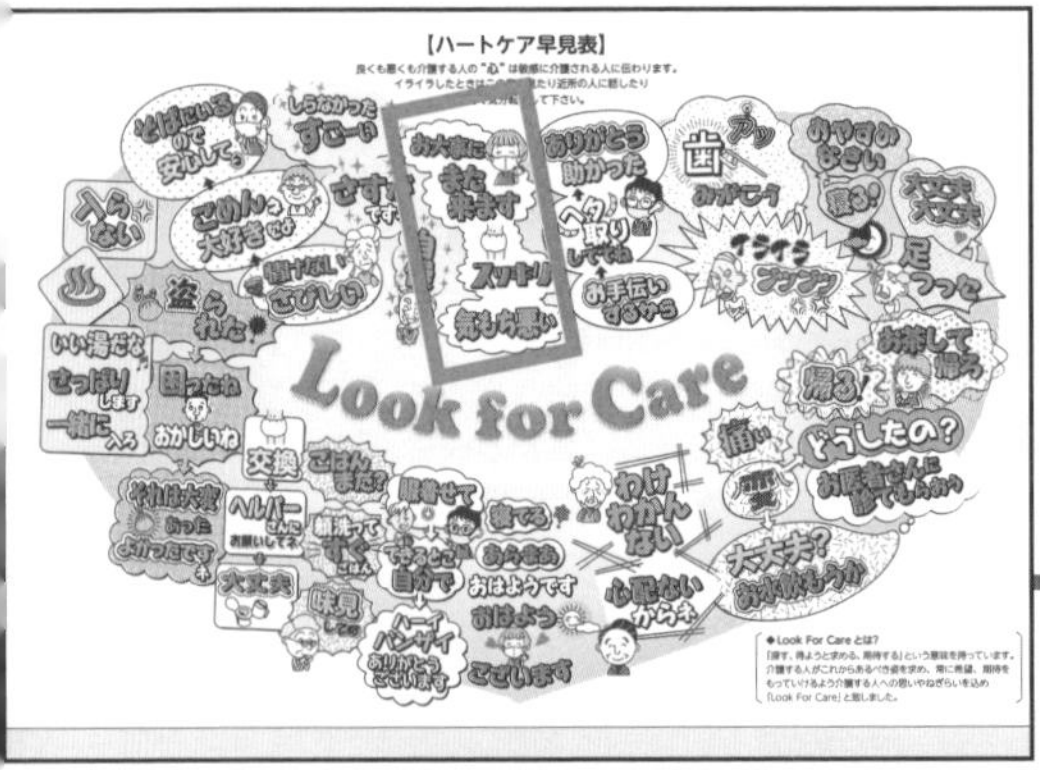

解説

ホームヘルパーさんは夜中長時間（家の人も寝る時間は大切です）、排泄を朝まで交換しなくても良いように、夜用のおむつ交換を18時前後に伺ってスッキリしていただきます。一人で住んでいる方などには夕食の支度なども提供します。そしてホームヘルパーは〝来れば安心〟と思ってゆっくりお休みいただくために「また来ます、お大事に！」と必ずみんなご挨拶をしています。

毎日きちんと食べて排泄し、ぐっすり眠ることを「生活の基本」としてお守りしています。

⑩

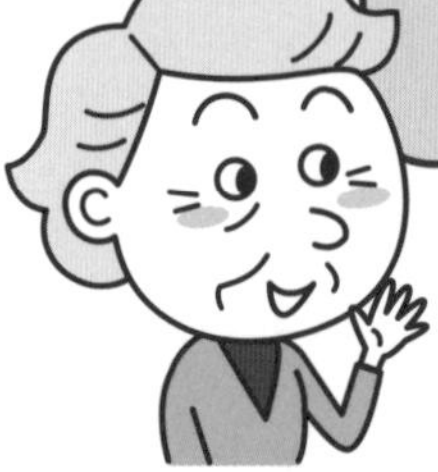

お手伝い
するから

ヘタ取りしててね

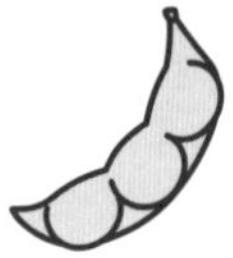

ありがとう、
助かった

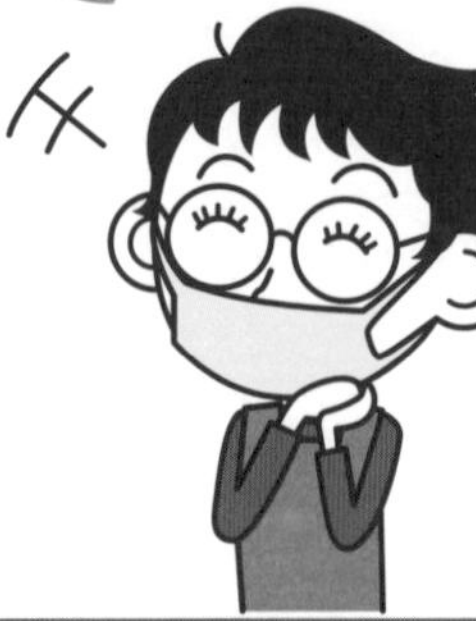

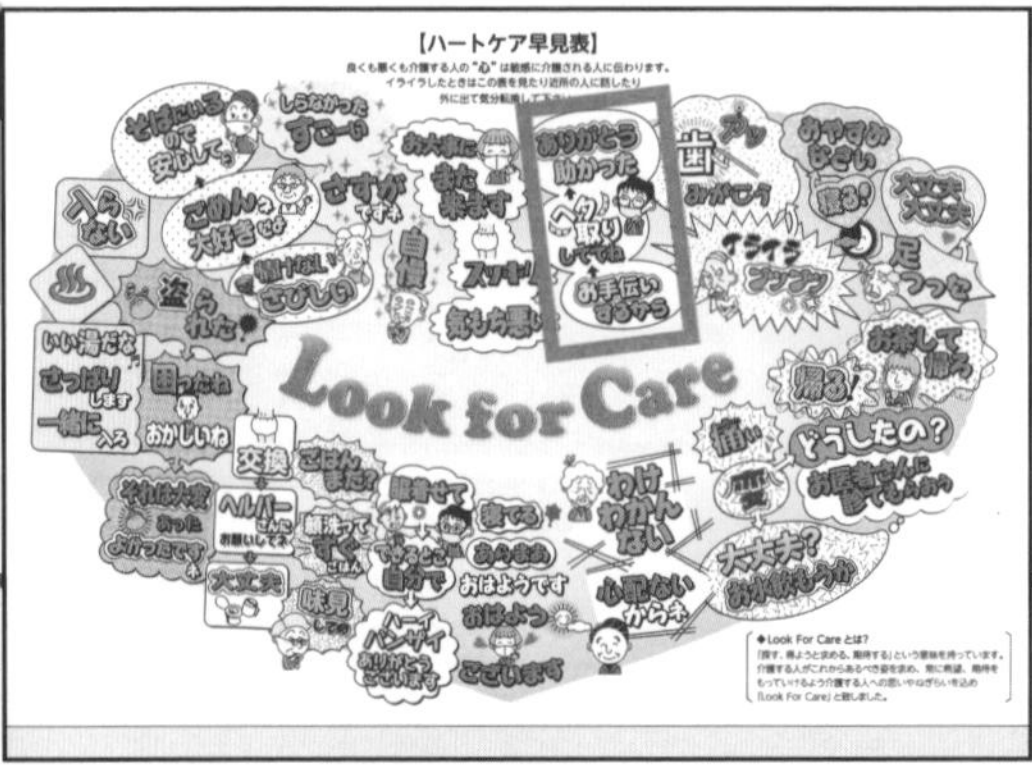

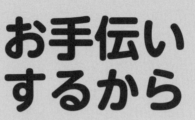

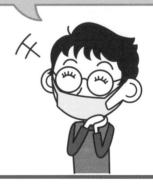

解説

認知症が進むとおなかが空いたのを我慢できないので、早くご飯にしてほしいと思うのと、自分はなんでもできるのだから、仕事で忙しい家族の役に立ちたいと夕食の支度時、台所に立って動かなくなります。一緒にお手伝いをできるスペースと時間を持てる家族は一緒に手伝っていただくのが理想ですが、仕事から帰った家族は時間の余裕がなく、ゆっくりとしたペースに合わせるのがストレスになってイライラしてしまいます。

動線確保を優先させたい時、なるべく台所から離れたソファー等に座っていただき、ゆっくりしたペースで枝豆やそら豆の皮むき、へた取りなどの仕事をしてもらって「手伝いたい欲求」を満たします（もやしのヘタ取りはあまり多いと本人がかんしゃくを起こしますので、避けた方がよいでしょう）。

そしてやり終わったらこちらの支度がほぼ完了している状態が、お互いの精神安定のために良いと思います。手伝ってくれたのを手渡されたら必ず「ありがとう、助かった」と、一言添えて下さい。本人にとって「ありがとう」と言われることはあまりないのでとても嬉しく満足する出来事です。みんなで気持ち良く美味しい夕食を。

⑪

イライラ、ブツブツ

アッ、歯みがこう

解説

夜は家族一緒に食事、団らんをしますが、過去の栄光などを讃えた時など、突然本人の中で違う過去が蘇り悪い印象だったことがフラッシュバックして、自分はいじめられたとか、屈辱を味わったことばかりをずっとブツブツ話しはじめます。そしてネガティブに言っていることがだんだんエスカレートして、止まらなくなることがあります。そんな時は少し黙った時を見計らって、本人の言っていることと全く違う日常やっていること、例えば「歯を磨きましょう」などと話を切り替えます。きっかけ音として、歯切れよく大声で「アッ！」と言います。そうするとご本人もシャキッとして洗面所に歯磨きをしにいきます。歯を磨いている間に前に言っていたことは全く忘れて眠るための用意をしてくれます。

家族にとっても夜も疲れて次の日の朝まで響かないように明るく暮らすためにも、上手な切り替えの引き出し言葉を2、3考えて役立てて下さい。

⑫

寝る！

おやすみなさい

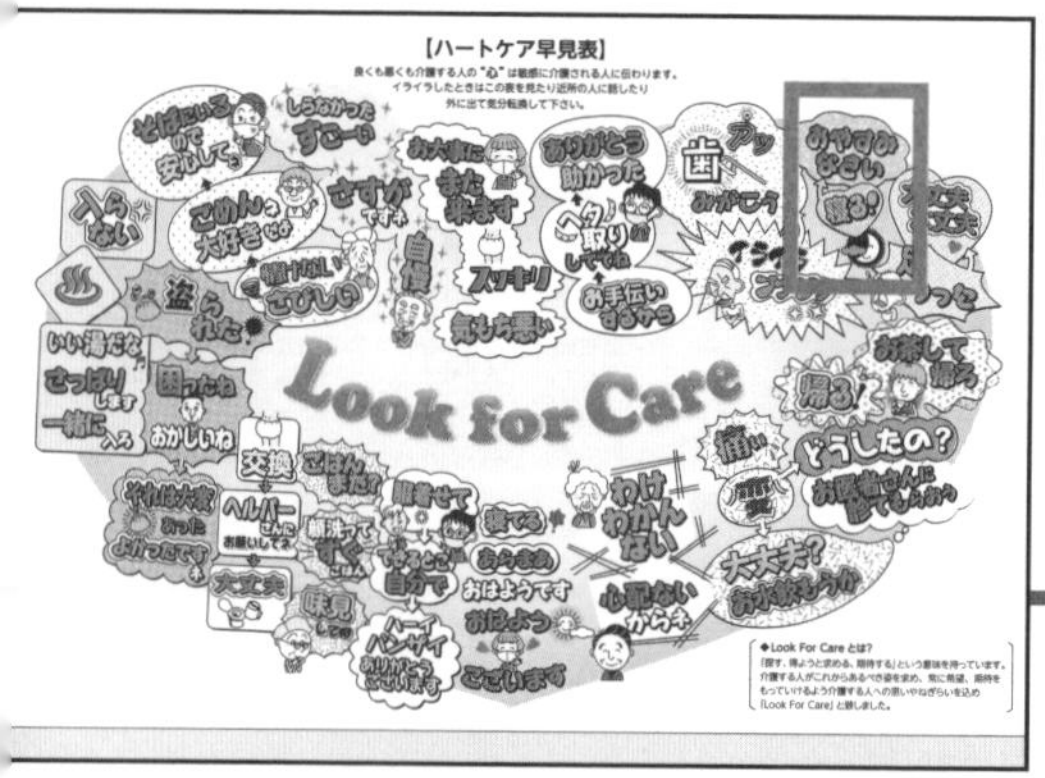
【ハートケア早見表】
良くも悪くも介護する人の"心"は敏感に介護される人に伝わります。
イライラしたときはこの表を見たり近所の人に話したり
外に出て気分転換して下さい。
Look for Care
どうしたの？
大丈夫？
◆Look For Care とは？
「探す、得ようと求める、期待する」という意味を持っています。
介護する人がこれからあるべき姿を求め、常に希望、期待を
もっていけるよう介護する人への思いやねぎらいを込め
「Look For Care」と銘しました。

解説

認知症の老人が食後すぐに眠りにつくとは限りません。家族は夕食の時でも何度も同じことを聞かれたりしてほとほと疲れ果てますので、良い顔ができず早く寝てくれと叫びたくなる思いでいることも多々あります。

本人の意思を尊重して本人が眠たくなるまでじっと我慢すると熟睡に導くことになります。

「眠い」「寝る」の言葉があってからすぐに「おやすみなさい、寒くないようにしてね」などとふとんをかけながら気分よく寝ていただくことを心がけると後の2時間ほどの自由時間を家族も満喫できます。

「急がば廻れ」が大事なポイントです。

⑬

解説

夜、寝床に入って1、2時間するとどうして自分はここにいるのか？と不安で頭の中がいっぱいになります。季節の変わり目や少し寒い季節など電気あんかのスイッチが入っていないことなどあると老人は足だけでなく体が固まったようになります。本人はとてもつらいのだと思います。温めてあげましょう。家族も寝ようかな？と思う頃「イタタタ…」「助けて！」と訴えますので芍薬甘草《しゃくやくかんぞう》等、ソフトな足のツレが治る漢方薬などをぬるま湯で飲んでいただき、「大丈夫、大丈夫」と声かけして安心してもらいます。両手で手を握って何度も子守唄のように言っていると次第に落ち着いて眠りにつきます。

⑭

帰る

お茶して帰ろう

解説

要介護3以上のほとんどの認知症の方は、昼夜を問わず「帰る」という言葉を突然言い出して立ち上がります。ここが家ですよと言っても通用しません。頭の中では若いころ住んでいた家が自分の家なのですからその後、環境が変わって引っ越したりした所は認知症の人にとっては他人の家だと感じてしまいます。帰巣本能みたいなものだと思います。そんな時は無理やりここにいて、と言わずに幻覚妄想に近いものだと理解してその言葉を受け止めて同調しつつ、家族はここの家にいてほしいわけですから「お茶とお話してから一緒に帰ろう」と誘います。お茶を一服飲んで座ってもらうと落ち着いて、今言ったことは忘れてしまいます。〝忘れる〟を逆手にとって穏やかにしてもらって下さい。特に「帰る」は夜中徘徊につながるので危険防止も兼ねて『帰ろう』と強調して下さい。

⑮

痛い、
変！

どうしたの？
お医者さんに
診てもらおう

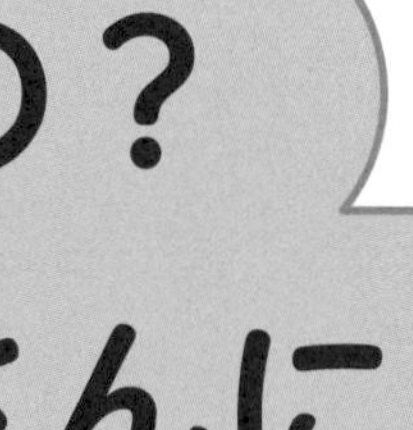

解説

年寄りが寝ていて体調異変などがあった場合、言葉が出なくなることが多く、「変！」ぐらいしか言わないことがあります。夜中は特に多く危険状態も判断しづらくなります。必ず「どうしたの？」と声かけをして体温や血圧などを計り主治医か24時間対応の看護師さんに電話して指示に従い行動します。

⑯

痛い、
変！

大丈夫？
お水飲もうか

解説

夜中に体調異変、吐き気や寒気など訴えられた場合、まず水分補給が大事です。「大丈夫？」とねぎらいお水をすすめます。できれば熱を計り、熱があれば氷枕などを当てて落ち着くまで様子をみます。梅雨時や夏等一人で暮らしている老人はクーラーをつけずに消してしまっても汗をあまりかかないので、熱中症になりやすく死に至るケースが統計でみても一番多いのです。特に、初期から中期の認知症の人はクーラーのリモコンを隠しておいてもいつの間にか自分の手元に置いてつけたり消したりしています。

実際、ヘルパーさんなどが入室すると部屋の方が外より暑くなっていることがほとんどで、体感的に暑さ寒さのコントロールができず、いつの間にか倒れていることがしばしばあります。冷暖房装置は年寄りの手の届かない見えない位置に設置しましょう。中の不快な温度が原因で介護する人、される人のイライラが募り介護暴力につながることもありますので、部屋の温度管理は重要です。ヘルパーさんもおむつ交換拒否や大暴れ、噛みつかれる、ひっかかれる、などの洗礼にも要領よく対応し、隙間をぬって対処しています。要介護4に近づくにつれ、介護される人の忍耐はなくなり、一番身近で介護する家族や、ヘルパーさん等に暴力を振るい、介護される人の心は不安定になりますので、結果、歩ける老人は夜の徘徊などが起こります。一緒にいる家族は当然睡眠不足でイライラ。これではお互いの体の為に良くないので、この場合は施設入所も考えましょう。いざという時のために毎日の健康観察日記（P.55参照）を作っておくと良いと思います。介護会社のケアマネージャーなどに相談してみて下さい。

⑰

わけわかんない

心配ないからネ

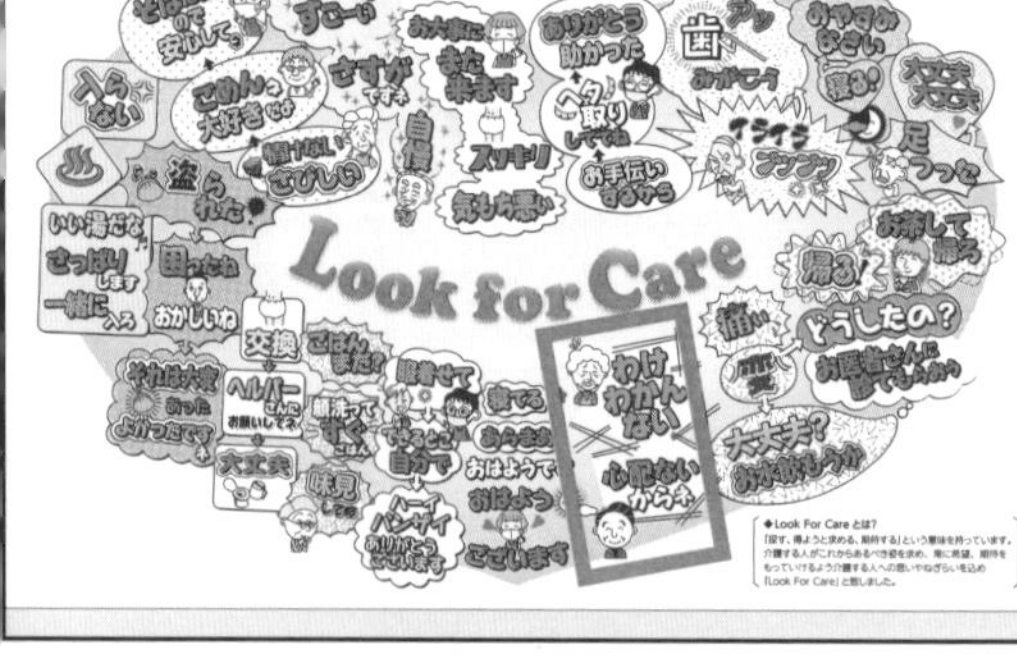

解説

「わけわかんない」は認知症の要介護2、3以上のどの人の口からも出ます。自分でも空白の頭の中や何をしたのか覚えていないなど怖くていたたまれないので、無意識にこの言葉が出てくるのだと思います。自分は正しいことをしている、悪いことなど何もしていないのに、みんなに怒られることが当人にとっては不思議で仕方のないことなのです。現実を生きている家族やヘルパーさんたちはこのことを理解して自分がいるから大丈夫だと安心させ、「心配ないからね」と優しく抱きしめてあげるなどすると効果的です。

毎日の健康観察日記

一日2回、朝夕の体温・血圧測定、食事の有無、排泄の有無、咳の症状がないかなどの体調を確認して、介護者がノートに記入します。この健康観察日記は、介護ヘルパーさん達の情報共有手段として重要です。

【一例】

トイレは大丈夫？

（相手の反応を見る）

では行きましょうか

一緒に立って
いただけますか？

もう少し前に出て
いただけますか？

足を引いて
いただけますか？

様子を見ながら一呼吸ずつ空けてやってみて下さい。

Point!

声かけのコツは声かけと同時に触ったり動かしたりせずに確認してから一呼吸おいて介助することが大切です。

第二章

認知症の人が思っていること

認知症への不安を安心に変えるための知識

認知症について知っておきたいこと

認知症の人がどのような症状、態度をとるのかについて、介護する側が知識として頭に入れておくことは大切です。この章では、認知症の人はふだんどう感じているのか、それに対しどのように対応していけばいいのか、順にご説明します。

◎認知症の人が思っていること・・・

① たくさんの言葉を言われると怒られた感じがする

お説教を延々と言われても困ってしまうという感覚があります。強い言葉で否定されたり、これもあれもダメといわれても、頭が混乱して理解ができません。

② 上の方から言われると不安になる

「どうしてそんなことをするの?」「何度言ったらわかるの!」「あんなにシッカリしていたのに」と言われても、自分は全く覚えていないので、かえって疑心暗鬼になります。

③声をかけて挨拶してほしい

目線を合わさず挨拶されても、知らん顔されて無視されたと思ってしまうだけです。自分の顔を見てくれて、目線を合わせて手などをしっかり握って挨拶してくれると相手の存在が理解できます。

④早口だと逃げたくなる

年を取れば動作も理解もゆっくりしているので、自分のペースに合わせてゆっくり話してもらいたいのです。早口だと全く分からずそこにいたくなくなります。

⑤難しい話や長い話は責められた気分になる

短い一言や、的確に言われたことは理解できますが、長文の話は一分前に言われたことを忘れてしまうので、聞いていることが辛くなって相手が責めているという思いに駆られます。

⑥強制されるとその場にいたくなくなる

他の人から見るとわがままばかりと思われますが、命令されるのは自尊心が傷つきます。そういうことを言う嫌な人には威圧感を感じ、一緒にいるのが苦痛になります。

⑦注意されると混乱してしまう（何が良いのか悪いのか？ どこに行って良いのかわからない）

一度にたくさんのことを言われるのと同様に忘れてしまったのにおこられっぱなしで自分は悪くないのに何で悪いのかと、理解できなくなり、余計に立ちすくんでしまいます。

8 自分を見て、手を握って、ゆっくり話して微笑んで欲しい

やさしい口調で穏やかに目線が同じ位置でゆっくり話をしてくれれば、腹も立たずに少しは理解できて安心していられます。（皇室の方もそうしておられます）

9 見慣れた人がいると安心できる

いつも介護してくれている人やヘルパーさんや古くからの知り合いや、家族などが見守っていてくれるのは、自分の居場所がここにあると、安心していられるのです。

10 自分を尊重してくれる人は安心できる（バカにしたような言われ方は我慢できない）

聞き上手で、自分の話をちゃんと理解してくれると、ほっとして穏やかになれます。古い昔話などをじっくり聞いてもらいたいのです。「前にも聞いた」「何回も言わないで」等と言われると頭にきてしまいます。誰でも自分が一番正しいと思っているところがあります。プライドの高い人は特にその傾向が強く、あなたが一番！ と立ててあげると笑ってくれます。介護する方は面倒くさいと思うこともありますが、そういう時は聞き流しながら適時に「そうね」と相づちをして下さい。

◎認知症の人が繰り返し、よく言う言葉・・・

①「わけわかんない」

全く記憶のないことを言われても頭がモヤモヤしていて、何も考えられません。何か人に言われても理解できないなどの不安で自分がどうなってしまったのか混乱しています。

②「帰る」

少し興奮気味の時、本人なりの目的があるので、無理に食い止めようとしないことです。「今日は遅いから泊まって行ってください」「お茶でものんでからゆっくり行きましょう」とごっこ遊びのように沈静化させます。次に何かの言葉を投げかけると、前に行ったことをすぐに忘れてしまうので、その特徴を利用しましょう。

③「おなか空いた」

食べたこと自体忘れてしまうので、常に空腹でいると錯覚しています。ところが体は満腹状態なので、一回に少しずつしか食べられません。対処として今作りますから少し待っててね、といって小さなお菓子などを食べていただきます。

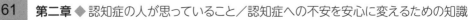

④「今日は何月何日何曜日？」

1分前のことは全く記憶にないので、しつこく聞かれます。自分が何をしたら良いかわからず、季節感もわからないので、常に人に聞いて確かめています。一日何百回も言われています。カレンダーに赤丸などをつけて「大丈夫よ」というと一時的に治まります。沈静化させます。次に何かの言葉を投げかけると、前のことをすぐに忘れてしまうので、その特徴を利用しましょう。

⑤「盗まれた」

脳機能の低下で本人の不安感が増すと想像力が勝って、ありえないことを信じ、人のせいにします。「一緒に探しましょう」「アッ！あった」等と安心させることが大事です。知らない人やお化けがいるなどの妄想も「私が追い払いましたからね」などと言って安心させましょう。

⑥「行かない」

別の家族の家などは決定的にトイレの心配が嫌なのと余計な気遣いができない不安で行きたがりません。無理には誘わないこと。デイサービスなどは介護会社に頼んで、徐々に何カ月もかけて慣れていただきます。

⑦「入らない」

今自分は何をされようとしているのか？　などの不安感が前に現れて、お風呂介助の時などは過去の怖い記憶やトラウマがある人ほど拒否が強くなります。無理強いせずに「服が汚れているから着替えましょうか」「さっぱりしますよ」「とってもいいお湯加減ですよ」「一緒に入ろう」など気長に誘導して行きます。くさいとか不潔とかいう言葉は逆切れされますので、使わないようにしましょう。

⑧「イタタタタ」

何か意に添わないと、どこを触っても痛いということもあります。自分に注目してほしい時も仮病を使ったりします。本当にどこが痛いのか聞いて、かまってあげると治ります。私は痛いところに湿布薬を貼ってあげると喜ばれました。

⑨「触らないで」

嫌な人や、自分の気に入らないことをされた場合は、「触らないで」と強く拒否します。機嫌が悪いのだと流して、介護する方は淡々と仕事をこなしましょう。

⑩「情けない」「寂しい」

何もできない自分が、悲しくてこの言葉が出てきます。うつ病や自殺に至ることもあるので、家族やヘルパーさんは、「大丈夫、私がいるから」、と安心させてあげます。常に声をかけてあげることが大事です。

⑪「(服の着方が) わからない」

できるだけ、たとえボタン一つでも、自分でやってもらうことが大切です。わからない、できないは甘えの言動で、それに従ってこちらがすべてやってしまえば、やがて待っているだけで何もできなくなり、認知症が重くなる原因となります。「できるだけ自分でやろうね」と促し、どうしてもできないところだけ補助をしてあげましょう。

⑫「そんなこと言ってない」

介護される人は、どんな方でも常に自分が一番正しいと思っています。それは直近の記憶が消されてしまうので、自分がミスをしたことは一切覚えがありません。本人にとっては事実無根のことを責め立てても絶対にそんなことは言っていないと、猛反発してくるのです。そこに現実を押し付けるのは不毛ですので、全く異次元の人との会話だと思うことが賢明です。

◎認知症の人への接し方・・・

① 顔なじみの関係になって 落ち着きと安心感を与える

何でも私に聞いて下さいなど、目線を合わせて手を握るなどしながら聞き上手になりましょう。みんな自分のことを話したいのです。「そうなんですね」「その後どうしたのですか？」など話せる雰囲気を作ると良いでしょう。本人は安心していられる場所が欲しいのです。

② その人の意に添って あたたかく心を受け止める

自分自身がわからなくなっているので不安がまぎれるようにしてあげることが大事です。どんな時に興奮して怒るのか？ なぜそうするのか？ 日々観察して、メモを取ると何に不安を感じているかわかってきます。きちんと一言で答えていつでも聞いて下さいという態度で接すると穏やかでいます。

③ 怒らず、相手に合わせて、ゆとりをもって

同じことを何回も聞かれたりすると、イライラして怒鳴ってしまったりしますが、本人はストレスがたまりエスカレートしてますます同じことを繰り返します。ゆっくりと本人の言うことを聞いてあげましょう。

④理屈で説得せずに、気持ちを通わせ納得してもらう

長い理屈を言っても、すぐ前に言われたことは忘れているので理解できません。ポイントは本人にどうしたいのか聞いてみること。決してこちらの独りよがりの判断で動かないことです。

⑤イキイキ輝くような適度に良い刺激を与える

「あっ！　ミニ盆栽の花が咲いたわ」孫や犬や猫と触れ合う、筆まめだった人に字を書いてとお願いする、漬物のぬか床をかき回すのを手伝ってもらう等、やってもらうことを習慣にするとイキイキ働いてくれます。

⑥寝たきりや孤独にしない気づかいをする

何でもやってあげてしまったり、面倒くさいことを言うので、話し相手にならなかったりすると、だんだん自室に引きこもりがちになります。本人はこちらの行動も忙しそうだからとか、ちゃんと見ていますので、話せる時間帯を作ってお互いを理解しあいましょう。「忙しいのでなかなか聞いてあげられなくてごめんね」と一言気遣いの言葉をかけましょう。

⑦ プライドやプライバシー（人格）の尊重

誰でも褒めてもらうと悪い気はしません。その人それぞれの長年積み重ねた才能を尊重し、こちらが感心を示すと喜んで話してくれます。

⑧ 本人の過去の体験は心の拠り所なので、大切に聞く

若い頃の話や、過去の栄光、自慢話を何回も話します。うんざりすると思っても聞き流しながら「すごいですね」「尊敬します」などとあいづちを打ってください。

⑨ 環境の急激な変化を避けて、安住感で落ち着いていただく

24時間常に一緒にいるわけにはいきませんが、できるだけ話をする時間を取ることを習慣にすると、介護する人、される人、共に何で困っているかが分かります。背中を向けないで、言葉だけではなくアイコンタクトを取ってみます。きっと気持ちは通じます。

⑩ 事故や転倒を防ぐ細やかな工夫と気配り（家の中のマット類で転倒が一番多い）

まずはバリアフリーにすることをお勧めします。特に玄関やトイレお風呂場などに手すりを付けることです。（介護保険申請で20万円まで戻ってきます）今は、ポール状で取り外し自由なレンタル製品もたくさんあります。家の中が格好悪いと思っても、そのポールにつかまって、トイレへ行くこともできます。

認知症の人への接し方まとめ

❸つの「ない」対応

❶脅かさない

❷急がせない

❸自尊心を傷つけない

❼つの「スムーズ」対応

❶まず見守る

❷余裕をもって対応する

❸声をかけるときは
たくさんのことは言わない、一言で

❹後ろから声をかけない

❺相手の目線にあわせてやさしい口調で

❻穏やかにハッキリした話し方で

❼相手の言葉に耳を傾けてゆっくり対応する

◎認知症の人の心の中を察する・・・

入浴を拒むのはどうしてか？

- ●便秘でお腹が苦しい
- ●命に関わる病気かもしれない
- ●脱水症状は起こしていないか
- ●家族やデイ等、やりたくない、行きたくないの精神的な圧迫があるか
- ●認知症特有の面倒くささ（バイタル血圧体温を測って様子をみる）

徘徊はどうしてか？

- ●家の中をウロウロあるくのは、口腔内（むし歯や入歯が合わない）
- ●体の不調を言葉で伝えられない
- ●トイレに失敗した
- ●尿取りパッドが重い
- ●吐き気がする
- ●家の人に怒られた
- ●せん妄（前の家が恋しい）

体調が悪くないか見た上でお話しましょう。「雨が降ってるから」、とか、「お茶飲んで待っててね」、とか。

朝、廊下がおしっこでビショビショなのはどうしてか？

- ●夜間せん妄
- ●食欲不振、元気がない（肺炎が原因のこともある）
- ●咳がなくてもヒューヒュー音に注意する

脱水で落ち着かなくなり、夜眠れず、被害的言動があり漏らす前立腺の病気。

デイサービスを拒むのはどうしてか？

- 着替えるのがおっくう
- 衣類はゆったりしたものを着ていたい（おしゃれは苦しい）
- 脱水、便秘、残尿感がある（緊張による排泄障害）
- 体がだるくて布団から出たくない（体が冷えている）
- デイサービスの席が変わった（ないがしろにされている感がある）
- 反りが合わない利用者さんがいる
- 着替えの仕方がわからない

【対処の仕方】

どんなに良くしても、自分は疎外していると思い込んでしまっている時は、少し時間をおいて、10分後くらいに再び声かけをします。

トイレに座った時に、下半身だけ上手に着せ替えます。
少しでも引っ張ればすごい力で拒否、洋服を引きちぎることもあります。ひっかかれたり、首を絞められることもあります。焦らずゆっくり手早くするために手の届くところに着る順番の段取りをしておきます。

はじめの何日かは大変ですが、3、4カ月で徐々にパターン化して慣れるとあまり騒がなくなり、デイなどから帰ってくると「楽しかった」と言われるようになります。諦めないで続けて下さい。

認知症の症状別の接し方を症状別に表にまとめてみました。

介護者のストレス、不満、疲れを溜めないことがとにかく重要ですので、この表で紹介している接し方を参考にして下さい。

進行度		症状	接し方
軽度（初期〜中期）	●ゆっくり進行	●物忘れが酷い ●お金の計算ができない ●家族やこどもの名前の区別がつかない ●同じことを何度も言う ●意味不明の言動を行う ●しまい忘れ、置き忘れ ●趣味などに興味がなくなる ●感情の起伏が多い ●ガス、水道の閉め忘れ ●ふさぎ込む ●寂しがる ●人のせいにする ●フライパンなどを焦がす ●日付や時間が解らなくなる ●頭がヘンだと訴える ●運転ミス	●自分でできることは自分でやってね ●不安なことは言わない ●穏やかに話す ●責め立てない ●転倒事故を防ぐ ●言葉をたくさん使わない ●怒らない（表情を含む） ●私のせいではありませんと決して言わない ●それは違いますと言わない

	進行度	症状	接し方
中等度（中期）	●徐々に早く進行 ●この時点で、デイ、ショート、施設、グループホーム等を検討 ●最初は拒否が多い。根気よく誘うと満足して帰宅する	●薬の管理が自分でできない ●記憶障害 ●季節や天候が気にならない ●迷子になりやすい（通い慣れた道がわからなくなる） ●人の言葉が理解できない（話の辻褄が合わない） ●テレビが見たくなくなる（ドラマなどが理解できない） ●人を泥棒呼ばわりする（物とられ妄想） ●思い通りの動作ができない（料理が出来なくなる） ●怒りっぽくなる ●徘徊、夜間せん妄、暴力、弄便《ろうべん》	●転倒事故を防ぐ ●不安を軽減する ●異物の飲み込みや、薬の誤服用に注意する ●叱らない ●認知症の変化を受け入れる ●客観的に見て冷静に同調の演技をする ★こちらの言ったひと言が気にさわれば、ずっと怒ってどなっていたりしますので、悪くなくても、ゴメンナサイネと下手に出る。
重度（末期）	●進行は緩やか	●家族が全く分からない ●トイレの場所がわからない ●会話が成立しない ●言葉を忘れる ●全面介助が必要 ●嚥下《えんげ》障害（むせ込み） ●無気力 ●運動機能低下 ●寝たきり（記憶障害）	●体温、血圧、脈拍のチェック ●日常を観察する ●感染症に気を付ける ●便秘、脱水に気を付ける ●褥瘡《じょくそう》ができていないか点検

◎声かけのＧｏｏｄタイミング・・・

1 おんなじ言葉やグチを繰り返された時

5回まではじっと聞き流し、素早く「あっっっ！歯を磨こうか(^.^)」その後、今まで言ったことはすっかり覚えていません。コロっと変わって素直に寝てしまったりします。

2 寝ている人を覚醒させる時

最初はベッドボードをたたく等の振動や手を握り擦る。温かいタオルで顔と手を拭く、そして耳元で「おはようございます」「膝を曲げますね」何度も繰り返せば体が覚えています。少しでも体を動かして血の巡りを良くする。体を触られるのもイタタタといって嫌がる人には「寝たきりになります」と耳元でゆっくり話す。

③セクハラ（特にヘルパーさん）

問題行動という行動障害の一つです。特に男性に多く一人暮らしの不安や焦燥感などが原因なのと、相手にして欲しいさみしさから、性衝動が抑えられなくなってヘルパーさんなどに絡んできます。ヘルパーさんはパタンと扉を閉められたら二人きりなので、わいせつな言葉を言ってきたら「まったくしょうがない爺さんですねっ、怒りますよ」「ヘルパーさんはそういうサービスはいたしません」と強く言ってスキを与えず、お尻を触られたりしないよう、なるべく後ろを向かないことです。それでもおかしな言動をしてきたら「会社に報告しますよ」とか「110番しますから」と切り抜け、あまりひどいようで我慢できない場合はそのヘルプを会社に相談して断ります。よくあることですが、我慢しないで報告して自分の身を守って下さい。

④死にたい病

「おばあちゃんは大切な家族の一人、欠けたら寂しいよ、長生きしてね」自分を思っていてくれるのだ、という信頼感で安心します。

⑤暴力

物を持ちだしたら、とりあえず避ける。落ち着いたら「何か嫌なことでもあった？・」「おじいちゃん、ゆっくりしようね」それでもダメなら外に出て介護会社に電話連絡相談する。不安や焦燥感が引き金になるので関わり方や環境など、本人が安心すれば沈静化します。

◎知っておきたい不穏になる原因・・・

【便秘】…おちつかない

運動をあまりしないので、お腹周りが張ってしまい、苦しくてどうしてよいかわからずにウロウロし始めます。時には一時間もトイレから出てこないなど、本人も苦しんでいるので、病院でマグミット等の薬をいただき、訪問看護師などがいる場合は摘便などをしてもらいます。その後便が出続けることがあるのでヘルパーさんや看護師さんなどを頼ります。

【脱水】…元気がなくなる

認知症に限らず老人になると、水分をマメに飲まなくなります。お茶を飲んでいるくらいでは夏など特に脱水に陥りぐたっとなりますので、周りの人は水分を飲んでもらうように誘導して下さい。トイレが近くなるからと、飲まないでいると死に繋がります。

【発熱】…徘徊する

熱があっても感じない老人は多く、何が何だかわからないため家の中をぐるぐる徘徊してみたり、顔が赤くなったりしています。寝かせて熱を計り、医師に連絡してください。

【慢性疾患の悪化】…

様子がおかしくなる

座っていても寝ていても落ち着きません。特に90歳過ぎると痛みを余り感じなくなるので、少しでも変化があればかかりつけ医師に連絡してください。

【季節の変わり目】…

興奮、または高揚する

春先や台風時、梅雨時など、気圧の変化が激しいと、自律神経が乱れて精神不安定状態になり怒りっぽくなったりします。気圧の安定と共にだんだん穏やかになります。

【薬が原因】…

足元がふら付く

特に精神安定剤や睡眠薬で起こります。風邪薬でも老人の場合はふらつきが多くなります。

◎認知症の人が明るくなるための五感刺激・・・

1.【目】…動きがあって色鮮やか

よくヘルパーさんは明るい色を着ていると元気がでるなどと言われます。年を取ると白内障などもあり、目がかすんで見えにくくなるので、接する人は黄色やピンクなど明るい色を着ていると喜ばれます。

2.【耳】…音楽、笑い声、応援の声

テレビのドラマは理解できなくても昔から聞いている音楽や子どもの笑い声には敏感に反応します。野球などの応援も刺激になるようです。それにも関心を示さなくなったら、要介護度数が上がって認知症後期になる合図です。

3.【鼻】…懐かしい匂い

故郷で嗅いだ菜の花や桃の香りや仏壇の線香等の臭いを大事にされます。人それぞれの故郷の香りを調べてみましょう。

4.【舌】…好みの食べ物の味

これも子どもの頃から親しんだ味が一番のようです。寝たきり近くになるとだんだん味覚感覚が変わってきます。今まで好きだったものに全く興味をしめさなくなったら要注意です。

5.【皮膚】…スキンシップ

スキンシップは亡くなる時までとても大事な行為です。私の母が亡くなる間際も母の手を握り、弱い力で握り返してくれた、母の指のきれいな感触は今でも忘れません。人が生きて死んでいく上で最も大切なコンタクトです。お互いを結びつける最上の五感刺激になります。

【参考】

「おや？認知症ではないか？」と本人が思うこと

初期

あれ？忘れた、全く覚えていない微かな不安

●ガスの火を消し忘れる（お鍋を焦がす）
●ものの名前が出てこない
●外出や、人と会うのが億劫になる
●今まで好きだったことや趣味などに興味がなくなった
●怒りっぽくなった
●身なりを気にしなくなった（破れたのを着たり、年中同じものを着ている）

前期

自分ではなくなっていくような怖さ

●お金の間違いが多くなる
●同じことを何度も聞く
●慣れた場所で道に迷ったことを覚えていない
●ドラマの内容がわからない
●最近の出来事を覚えていない
●ご飯を食べたこと自体を忘れている
●盗られたと思い込む
●時間、日付、自分の居場所がわからない

中期

足元に穴が開くような感覚

- 他の人と自分と、住む世界が違っているようで言われていることの意味がわからない。今まで自分は何をして来たのか？　茫然と立ち尽くすことが多くなる
- 心と体がバラバラになるように感じる
- 自分の頭がおかしくなったと訴える

後期

宇宙に一人浮かぶような孤独感、よるべなさ

- 徘徊、異食、暴力行為、不潔行為等自分が何をしているのか全く判断できない
- 不安や焦燥感が一人ぼっちという孤独感を呼ぶ
- わけがわからない、とよく訴える。そういう自分に寂しさを感じる（感情やその人らしさは最期まで残ります。自分自身の変化と周囲との違和感に悩み続けます）

「おや？」

❶材料は買ったが、作るのを忘れた

❷いつも置く場所に財布、鍵、眼鏡が見当たらない

❸少し動くと疲れる

❹頑張って覚えなさい、と言われると腹が立つ

❺前に聞いた、と言われてもそんな話はしていない

❻息子一家が来るのは気が滅入る

❼好きだった趣味に興味がなくなって辞めた

❽日付、予定がわからない

---

❾人の名前を何度聞いても忘れる

❿調理器がデジタルになったので使えない

⓫無駄遣いしていると家族に叱られる

⓬自宅への道がわからない

⓭何をつくろうとしていたのか、わからなくなった

⓮自分の話そうとしていた内容を忘れた

⓯自信がない、バカになった

⓰夜間トイレにたどり着けない

⓱物とられ妄想

⓲食事したこと自体をスッカリ忘れている

⓳徘徊が始まった

第三章

ホーム
ヘルパーさんに
学んでみよう

ホームヘルパーさんに学んでみよう

◎態度・・・

笑顔や明るさ、きちんとした挨拶と、清潔な身だしなみ、初めて会った利用者さんが「この人なら自分の身の周りを預けられる」と思ってもらえる第一印象がとても大切です。特に訪問ヘルパーさんの場合、一時間くらい利用者さんと二人だけでいるのですからこの人なら大丈夫という雰囲気で服装は華美にならず、アクセサリーは付けずに、ポロシャツとパンツスタイルが良いでしょう。利用者さんは黒などの暗い色より明るいピンクやレモン色等を好まれます。利用者さんは一日中家にいて、天井や壁と接していることが多いため、明るい色を見ることで脳にも良い刺激を与えることになります。

そして明るくハッキリと「おはようございます」とご挨拶します。

疲れた感じや無口な態度は好まれません。ハツラツと健康そうで若々しく見えることが大事です。

◎信頼関係を早めに築くためには ファーストステップの会話が重要です・・・

●ヘルパーさんこそコミュニケーションが大事

一人暮らしの老人や家族と一緒に暮らしていても家族が会社勤めの共働き等の場合は一人ぼっちのさみしさがあり、話し相手を求めています。家事援助などの仕事をこなしながら、利用者さんの話を聞いて、どう応えるかを探り思いやりと「大変でしたね」「ご苦労されたのですね」など、その人への同調する相槌や言葉をかけます。

聞き上手になることを心がけましょう。

●高い声よりも低い声で語りかける

高齢になると耳が遠くなる方がほとんどです。急に大声を出せばビックリします。高い声は補聴器等使われているとキーンという雑音がします。聞こえる方の耳に近づき、落ち着いてゆっくり要点だけをできるだけ短く、ハッキリと低い声で話します。

●とっかかりは利用者さんの故郷の話やお雑煮などの話

ふるさとはどちらですか? と問うと、必ず「九州です」のように答えて下さいます。その後、私は知っているだけの九州の良いところを利用者さんと会話してお雑煮の話をします。お正月のお雑煮は郷土により味が見事に違うので、利用者さんも自分のふるさとではこうして食べているのよ、とたくさんの話をしてくださいます。口の重い方にはお雑煮ではなく、名産は何ですか？ と聞いてみます。食べるものでその人の好みもわかるのでこちらが料理をする時など、その人の味を研究できる良い材料になります。

●利用者さんの人生歴でプライドを探る

歳を取れば、過去の栄光は宝物です。人それぞれプライドのあり方は違いますが、元気の源なので、聞き上手になり、時々「そうだったんですか～」「知らなかった、とても勉強になります」などのあいづちを入れます。あいづちは短いほど相手がもっと話したくなるので効果的です。

●子どもの頃やその方の一番輝いていた時の話を引き出す

どんな人でも子供の時はあります。楽しかった時の思い出は人の心を穏やかにします。場合によっては古いアルバムを出してきて説明してくれます。「その時どうしていましたか？」と一緒に楽しむと、目がキラキラ輝いて、信頼関係が生まれ会話が弾みます。

●素っ気なくされても明るく「こんにちは」と頭を下げて

認知症の初期段階に良くあることですが「自分は一人で大丈夫だ」、と思っている方はヘルパーさんをなかなか受け入れず拒否します。一度で諦めずに何回も通っていくうちに、素っ気なくされても常に明るい態度で接していると、何か一つのことをきっかけに心の糸がほぐれてくれます。あきらめないで粘り強く接することが大事です。

●笑顔は相手の心を癒します

暗い顔や無口な人は利用者さんも、何を考えているのだろうと疑心暗鬼にかられます。どんな人にも平等に明るく笑顔で接すれば、相手はとても良い印象をもってくれますので。「次回も来てね」と言って下さいます。こちらは、どんな利用者さんにも平安と寛容な心で接していくことが大切です。

●上から目線で話を聞かない

時間に追われ忙しさのあまり、よく立ちっぱなしで利用者さんに挨拶をされる人がいます。利用者さんはお客様ですので、上から見られれば、あまり良い気持ちはしません。ご挨拶やコミュニケーションを取る時にはその方の目線より下からゆっくり話しかけると効果的です。少し慣れてくれたら、手を握りながら話をすると、とても喜ばれる方もいます。ただし触れて欲しくない人や頑固な人などは、触れずにそっと話しかけてみて下さい。恋愛感情と一緒で、その時のタイミングや接し方はあなた自身の〝勘〟に従ってみて下さい。

●さりげなく臨機応変にそれぞれの方の自立心を促す

認知症でも手伝いたい気持ちや自分でできることは自分でやりたいのです。ただ忙しくしている人々に利用者さんの方から声をかけるのを遠慮してなかなか言えない人もいます。そういう場合はそんな空気を察してあげてさりげなく「こちらは私ではわかりませんのでゆっくり片付けて下さいますか?」とか「この間の美味しかったのでぬかをかき回して下さいますか?」など具体的にやって欲しいと指示してあげるか「一緒にやりましょうね」、と促します。

ただし決して無理強いはしないでください。

まとめ

こちらが固い態度をとれば、緊張が緊張を呼びます。リラックスしてもらうため、思いやりや共感をもって接することが大切です。

会話もなく、いきなり生活援助などをしても、相手の心は開きません。

[ヘルパーさんの実録体験]

介護される人に対してはネガティブな言葉ではなく、基本的にポジティブな言葉をかけていきましょう。

次の表でよい例と悪い例を紹介していますので、参考にして下さい。

ケース	成功例（ポジティブ）	失敗例（ネガティブ）
●食欲過多	●美味しかった？ ●嬉しいわ ●また作るわね	●そんなに食べちゃダメじゃない ●さっき食べた！覚えてないの
●物忘れ ★頭が悪くなったと嘆く、不安を満足させること	●あら、そう ●九九の掛け算します？すごい！ 花マルです ●そうか〜 ●みんなもそうだよ	●年をとったね ●もっとひどくなるよ
●デイサービス、ショートステイに行かない	●皆といる方が楽しくて安心するよ ●お友達ができて寂しくない ●他の人のお悩み聞いてあげて ●絵の先生が待っててくれるって	●わがままばかり言わない ●とりあえず、今日は行って ●早く着替えて！ ★余計に拒否が強くなります

ケース	成功例（ポジティブ）	失敗例（ネガティブ）
●お風呂に入らない ★本人は億劫で面倒くさい。数カ月入っていなくても、昨日お風呂に入ったばかりと思っています。 ※２ヶ月～１年お風呂に入らない方もいます。本人は入ったつもりになっているので、入りたくなる理由を探します。気が付いたらあれよあれよという間にお風呂場に行っていた、というのが上手な誘導の仕方です。	●さっぱりしますよ ●明日病院だそうですよ ●背中洗いますから ●脱衣所も暖かいですよ ●「服の後ろ、穴があいてますよ、ちょっと脱いでくれますか？」と言って服を脱がせる ●明日お出かけなので、主役だからおしゃれしましょう ●あっ！ 椅子の下に何か落ちてるみたい、ちょっと立って一緒に行きましょう (足浴をして気持ちよくなってください) ※拒否が強かった場合は無理強いしない	●くさいから！ ●何日入ってないの？ ●言い訳ばっかりして ●近寄らないで ●汚い
●尿便失禁 (おもらし) ★自分でできることは自分でやってもらう。おむつではなくできるだけトイレを利用する、自然な排泄を促す ★きたない、くさいは禁句	●一緒に立っていただけますか ●ゆっくりでいいですよ ●立ち上がっていただいていいですか ●手すりに捕まって下さいね ●大丈夫です ●私に捕まって下さい	●臭ってます ●汚い ●ダメじゃない！ ●どうしてくれるの？ ●汚さないように気を付けてね ●漏らしてもいいですよ

ケース	成功例（ポジティブ）	失敗例（ネガティブ）
★誰でも排泄のことはいちばん大事なのですが、ガマン出来なくなるのが当たり前です。	★「トイレは大丈夫？」と常に聞く ●あら～、すぐキレイにするからね ●スッキリ ●良かったね～	●あ～あ！ ●だれが掃除すると思ってるのよ ●ガマンぐらいしてよ!!
●同じ事を何度も言う （甘えの言動） ★今聞いたことを忘れてしまうので、言われた方はイライラします。人によっては５回も聞けないと言います。 ※特に「何月何日何曜日」	●ハイ、わかりました ●アラ？ 誰か来た ●あれー？ 忘れちゃった ●あれ？ 流れ星～ ●ハイ、わかりました ●あっ、お隣さんが結婚するんだって ★「全く違うこと」を言うとビックリして忘れます。	●今聞きました ●いい加減にしてよ ●もう答えたくない ●さっき言ったでしょ ●何回も言わないで ●うるさい ●やめてよ
●セクハラ ★気を逸らす ★別のことを考えさせ忘れさせる	●奥様にお世話になっております ●じゃあ、お風呂に入ってくるね、と言ってその場を去る ●お金取ります！ いくら？ と言われても、うちはそういうお店じゃありませんから ●今日はアンネ（生理）の日です	●やめて、触らないで ★かえって余計に興奮させます。

ケース	成功例（ポジティブ）	失敗例（ネガティブ）
●ごみ屋敷 ※これは一人ではなくチームで伺います。	●「お疲れ様ですね」 ●「お悩みごとは聞きますよ」（心を開いていただく）	●かたづけましょう ●この辺りさわってもいいですか？ ●火事になりますよ
●太った人への対応 （寝たきり）	●大丈夫ですよ ●膝を曲げますね	●緊張しないでください
●閉じこもり ※プライドの高い人に多い。変に思われる、嫌われる、壊れていく自分が怖い。	●桜がきれいです ●大丈夫、笑って （一緒に笑顔で） ●お日様こんにちは	●陰気くさいから出かけよう ●いつまでもジメジメしてないの
●お手伝いしたい ※介護する人が台所仕事で忙しい時の動線確保の為。	（ソファーに誘導して） ●お豆のヘタ取りしてね ●ありがとう ●助かりました ★役に立ちたい欲求を満たす。	（カリカリして） ●来なくていいから！ ●することないです ●邪魔だから ★意欲をそぐと増々興奮します。
●着替え ※無理やりしない。 できる限り自分でしてもらう。	●ボタンはお願いします ●手を通しますね ●きつくないですか？ ★一つ一つの動作に声をかける。	●グズグズしないで ●出来ないことないでしょ？ ●ダメでしょ
●盗まれた （物とられ妄想） ★実際には本人が使って	●ごめんね、 修理に出してます ●あ！ あった	●どこかに置き忘れたんだろ！ ●人のせいにするな！

ケース	成功例（ポジティブ）	失敗例（ネガティブ）
どこかにしまって覚えていなかったりするが、物があったことにする。	(一緒に探す) ●良かったですね～	★この言葉を言うと永遠に同じことを繰り返します。
●帰りたい病 ※「お世話になりました」など、突然「帰る」と言い出します。自宅でも一息つくと忘れることを利用する。	●お茶飲もうか？ ●お母さんの大好きなお菓子、一緒に食べよう ●今、車を呼びましたからね	●ここはあなたの家よ ★本人はそう思っていません。
●ころぶ ※足が前に出ないなど危険。特にマット類などに引っかかる。家の中が一番危ない。	●ゆっくりやろうね ★年寄りのペースに合わせる。	●立って歩けよ ★無理やりは最も危険。 ●モタモタしないで！
●つかむ、ひっかく、噛みつく暴力など自分はそうするつもりはないが、体が勝手に動く。妄想などでも起る、特に信頼している人や面倒を見てくれる人に当たる	●わかった ●行かないから ●ここに居るよ ★隣にいるという安心感を与える。	●苦しい ●やめて ★余計に力が強くなる。
●口を開けない ●飲みたくない ●飲まない	●あれ？ なんかついてる ●結んで開いて♪ 手をつないで歌を歌う	●死んじゃうよ

ケース	成功例（ポジティブ）	失敗例（ネガティブ）
★口から栄養は生きる基本、水分補給が足りないとボッとしてしまいます。	●ゆっくり飲もうね‼ (支えてゴクンと言ったら再び飲んでいただく) ●おいしいですね	●飲まないと 死んじゃうから ●早く飲んで‼ （えん下肺炎の素）
●**食べたこと自体を忘れる** ★食欲中枢障害、満腹感がなくなる。	●今用意するから ちょっと待っててね ●ちょっとこれ食べていてね	●今、食べたでしょ ●もういい加減にして
●**異食** ★石鹸など食べられないものを口にする､場合によっては便なども口にする。	●あら～‼ （そっと隠す） ★危険なもの、泥などは下に置かない。	●何やってんの！ ●ダメじゃない
●**死にたい病** ★止めてほしい気持ちをくすぐる。	●そうか～、でも私は いないと寂しいな ●苦労しましたね ●あっ！ コレ持ってて	●厄介なんだから ●どうせ演技でしょ
●**情けない病** ★戸惑いや混乱で何もできなくなっていく自分が悲しい・孤立感。	●大丈夫、大丈夫 ●これやって ●さすが～	●できないんだから、 やらなくていいから ●邪魔になるから ★追い詰めるだけ。
●**弄便(ろうべん)** ★大便をなすりつける、手を拭いているつもり、便を隠すこともある。	●アラ、まあ!? ●大変でしたね ●お疲れ様でした	●え！ 汚いじゃない ●わー、何やってんのよ ●ウソ～！
●**突然怒り出す** ★こちらが何気なく言っ	●なんか困ってる？ ●一緒に散歩でもしようか	●言うことをききなさい! ●何よ！

ケース	成功例（ポジティブ）	失敗例（ネガティブ）
たことを、バカにしているととらえます。大声を出すこともあります。 レビー症の人に多い。	●ごめんね 勘違いしてました ●悪いのは私でした ハイ、ハイ（逆らわない）	●大声出さなくたって わかってるわよ ●いい加減にしてよ
●**寂しい・孤立感** ★ウロウロ、そわそわ動きまわる。（徘徊） ★夜に多い。 ★どんよりと暗くなる。	●お茶飲んでお話ししましょう ●一緒に歩こう ★夜中はキツイですがこれをやれば昼夜逆転現象になりません。	●おとなしくしてて ちょうだい ●鍵をかけたから、 出られないからね
●**自慢話のおつきあい**	●すごいですね ●ホォ～（うんざりしたら） ●へぇ、そうなんだ～	●いつも聞いてます ●うんざりです ●シラケます
●**車の運転** ★自分は大丈夫だと思っている。	●近くの交番のおまわりさんに聞く ●張り紙を作る ●「80歳以上の運転は禁止されました（警察庁交通安全課）」	●皆に迷惑かけるでしょ！ ●危険だから ●もう、いい加減に運転は辞めて ●大丈夫じゃないでしょ
●**ピック病・反発病** ★反対の行為をする。	●左に寄って ★そうすると右に行きます。 ●今日はもう食べないわよね	●何で逆らうの

「その人」だけのプライドを尊重した魔法の言葉をみつける。
人は皆、自分を承認されたいものです。

徘徊

何人もの認知症の方や、姑の言動を聞いて観察していると、皆さま一様に夕方日が暮れると、特に非常に寂しさが増して、私は一人ぼっちという感覚が強くなり、不安や猜疑心（浮気している、嘘をついている、私の言うことを誰も聞いてくれない）等で家にいることが辛くなるようです。そして少ししか歩けない年寄りは近所中、誰かいないか捜しまわり、しまいに自分がどこにいるのかわからなくなり、道行く人に助けを求めるか、その場に座り込んで動かなくなります。

裸足だったり、右足と左足で違う靴を履いていたり、薄着だったりしますので、見つけた方はとりあえず、その方のそばを離れないで携帯で１１０番して下さい。足が前に進まなくなって立っていられないこともあります。私も地面に座り込んでいたところを助けようとしました。

たまたま通りかかったその人の知り合いが「あなたがやったんでしょ」など、暴言を吐かれて、助けていたのに非常に不愉快な思いをしたこともありますが、それでも助けるのは人として当たり前のことだからです。

不安が徘徊という行為につながっていますので、「大丈夫ですよ」とできるだけ声をかけて、できれば手を握ってさしあげると安心されます。

人は皆一人で生きるのはつらいのです。

ずっと一人だった方は寂しさに耐える力をもっていますが、家族がだんだん巣立っていなくなり、一緒にいる家族なども結婚したり、経済的事情などから離れざるを得なくなった時、認知症の人は子供がお母さんを探すように、寂しいと泣きながら歩いているのを見かけたりします。

24時間見張っているわけにはいきません。みんなの協力が必要です。

そしていずれは我が身です。

日本人は特に、道端で困っている人などを見ても、その場で誰かが倒れても、どう声かけしたら良いかわからず、見て見ぬふりをする等、人を助けることはハードルが高いかもしれませんが、高齢化社会の時代性も考えると、積極的に「助ける」勇気をもって声かけ上手になることが大切です。

徘徊している人を
見つけたら…

離れず後ろから支えて

110番

「大丈夫ですよ」と
声をかけてあげましょう

コロナ禍でも
助けるためには飛沫を避けるため後ろに回りましょう。

認知症各病型に特徴的な症状とサイン

疾　患	サ イ ン
アルツハイマー型認知症	病識低下、妄想、幻覚、興奮、うつ、不安、多幸、無関心、脱抑制、不安定症、異常行動、取り繕い、もの盗られ妄想、陽気
レビー小体型認知症	リアル幻想、症状の変動、パーキンソンニズム（固縮、小刻み歩行、すくみ足）レム睡眠行動障害（夜中に夢を見て大声を出したり活動する）、立ちくらみや失神、重度の便秘
血管性認知症	偽性球麻痺（言葉が不明瞭で発語がのろく、むせやすい）、感情失禁（わずかな刺激で泣く）、うつ
行動障害型前頭側頭型認知症	スイッチ易怒（突然怒る）、脱抑制（我慢できない）、常同行動（しつこく繰り返す）、病識欠落
意味性認知症	身近な物品の名称が出ない（字を書くものと分かっているが、エンピツという名称を言えない）
進行性核上性麻痺	パーキンソン病の薬が効きにくいパーキンソニズム、眼球が上下に動きにくい
大脳皮質基底核変性症	左右どちらかに手が動きにくかったり、勝手に動く

コラム

大丈夫

大丈夫、という言葉には全ての字に「人」という文字が入っています。

何かあった時、どんな時もあなたを支えてくれる人は3人以上いるということです。

第四章

ネガティブ思考を
ポジティブ思考
に変える

ネガティブ思考をポジティブ思考に変える

●大石式陰陽介護図～不安から安心へ

基本的に認知症が進むと記憶障害・見当識障害・実行機能障害・高次脳機能障害の4つの障害が表れます。周辺症状と呼ばれるのですが、介護拒否やうつ病・妄想や作り話・執着心や徘徊・昼夜逆転・錯覚や幻覚・尿失禁や暴力暴言などが同時に表れます。普通の人には想像もつかないようなことを介護する人などに訴えかけてきます。

それは、体が思うように動かなかったり自分でも説明する言葉が出てこないと共に、やっていることをすぐに忘れてしまうなどの不安と闘っているので、介護する人がなぜそんな行動をするのかと怒ったり責めたりすると、余計に混乱して暴力行為などで訴えかけてしまいます。できないことが増えていくさみしさは計りしれません。新しいこと、特にスマホの扱い方などは認知症の人にとっては未知との遭遇でただただ、ビックリするだけです。明るく考えて「出来ることを続けてもらう」ことと、「怒らず褒めて感謝する」こと。不安を取り除くため「いつも心配している」ことや、訳のわからないことを言われても否定せず「わかります」「そうですね」と同意して「大丈夫、大丈夫」と声かけをすれば安心して機嫌がよくなります。無理強いせずに決して本人のプライドを傷つけないことでお互いに穏やかさを保てます。

ホームヘルパーさんや介護職の人々は利用者様に安心して暮らしていただけるための補助の役割を担います。何でこんなになってしまったのか、落ち込んで混乱している状態の認知症の人々に対して生活全般を支えながら自然に穏やかな心になっていただけるように、不安な心を無理強いせず一緒に考え行動して認知症になっても明るく自分でできるだけのことをなるべく長い間、持続できるように支えています。寝たきりになって指など使えなくなっても片方の指が使えれば自分でできることはボタンはめ一つでも自分でやっていただきます。ゆっくりでもできる喜びは計りしれません。

介護する人は自分の時間軸も大切ですが、認知症の人々の時間軸も大事にしてあげましょう。焦ると認知症の人はネガティブな暗い方へ戻ってしまい、認知症の症状が進んでしまいます。

一人一人の原因を追究し孤独にならないため、みんな素直にポジティブに考えていけば、プライドを保って安心した生活を送ることができます。認知症の〝人々の自分はどうなってしまうのだろう?〟という不安を少しでも安心に変えて「生きる」ことを諦めないために、穏やかな心を保つため、暗い方から明るい方へ導くために一緒に考えて努力することを次の陰陽図表にまとめてみました。

［ 大石式陰陽介護図 ］

安心
プライド
物忘れ
介護拒否
情けない心
尿、便、失禁
季節行事等
古い記憶を引き出す
タッチセラピー等
傾聴
なぜできなくなった?
あなたの味方♡
ネガティブ
ポジティブ
認知症の人
混　乱
穏やかな心
こんなはずはない!
大丈夫、大丈夫
抑うつ
幻覚、妄想
徘徊、恐怖
盗られた
共感・同調
解決に導く
一緒に探す
安心を与える
暴言・暴力
不安

認知症の基本的な接し方

ネガティブ（BAD）	ポジティブ（GOOD）
口出しする	見守る
説得	納得
急いで！	ゆっくり
否定する	傾聴する
拒否	声かけする
怖い顔	笑顔
一人にする	そばにいる
相手にしない	一緒に
プライドを傷つける	失敗しても見て見ぬふり
手伝う、手出しする	待つ
多くのことを言う	一言で言う
刺激させない	五感に働きかける
いやがらせる	楽しく明るく
イライラ	リラックス

認知症は何もわからないのではありません。
介護は「究極の人間学」です。
関わって学べば自分がいつの間にか向上します。

◎介護する人が見る「ちょっと変だな」は大事なサイン（認知症の特徴）・・・

―〝知〟が侵される症状で病気ではない―

以下のような症状が出ている場合は「認知症」の疑いがありますので、早めの「物忘れ外来」等の受診をすることが大切です。

●趣味などに興味がなくなる

自分が好きだったことなどを全くやらなくなるのは認知症中期辺りで脱力感が先に立ち、意欲が湧かなくなり、何もする気がなくなるからです。

●急に怒りだす、叫び出す、不機嫌になる

そんな人ではなかったと思っても、身体的に弱ってきたり、環境の変化が要因で自分は疎外されているような錯覚を持ち、疑い深くなりまるで違う人のようになります。

●身なりを気にしなくなる

1年中、同じ下着や上着を着ています。擦り切れて肘に穴があいていても同じものしか着

ません。きつい衣類より伸びている方が体にゆったりして肌に合っているようです。締め付けられたくないのです。みっともないといきなり変えようとしても怒り出すのでやんわりと時間をかけてゴムなどを伸ばしてあげて変えていくことです。早めの「物忘れ外来」等の受診をすることが大切です。

●外出せず人と会わなくなる

外出をしなくなる理由は、主にトイレを我慢することが難しくなるからです。緊張すると特に何度もトイレに行きたくなるので、ゆっくりしか歩けなくなります。本人にしてみればリハビリパンツを履いていても尿漏れの心配があるため、外に出て人に会うのを避けるようになるのです。

●ガスの火を消し忘れる

誰でも忘れることはありますが、火をつけたこと自体を忘れてお鍋が焦げた臭いで気が付く等、家事の危険につながりますので、周りの方は注意してみてできるだけガスなどを使わない調理をしてもらって下さい。この頃から味覚も変わって前に得意だった料理ができなくなります。

●テレビドラマの内容が理解できない

昔の歌や、相撲や、スポーツ関係のテレビ等はよく見られますが、ニュースやテレビドラマは少し前に見たことを忘れてしまうので、まったく筋立てが分からず、つまらなくなるようです。そしてよくテレビを消しています。

●昔のことは覚えているが、今の話は1分で忘れる

よく本人の小学生や中学生だった頃の話は楽しそうに語り、同級生のフルネームまで言われたりしますが、10分前にやっていたことは全く記憶していません。脳がそのようになってしまっているので「さっき言ったじゃない」「覚えていないの?」等と言われると傷つきます。昔の話を静かに傾聴してあげると穏やかでいられます。

●同じ話を何度も繰り返す

わからないから確かめるのです。今聞いたことも忘れている自分の頭がどうなっていくのか、不安でいっぱいなのです。進行すると、忘れたという自覚もなくなります。

●日にちや曜日を1日何百回も聞く

判断能力が衰えると、自分に自信がないので、何回も今日は何日だったか昼なのか、夜なのか他の人に確かめて自分を安心させているのです。

●人のせいにして自分の正当性を誇示する

自分は全く覚えていないので、責められるようなことを言われると理解に苦しみ、責めた人が嘘をついていると思い、「私は悪くないのに何で責められなければいけないのか」と、エスカレートして怒り出します。

●人が変わったように急に滅入った様子になる

だんだん理解できなくなっていく、自分がこの先どうなるのだろうか？　と急に暗い顔になり、暗闇でじっと座って起きていたりすることもあります。帰ってきた人はびっくりします。

●負の感情を抑えられない

自分がイヤな感情になったことは決して忘れず、フラッシュバックして思い出したら怒りが収まらなくなり、ずっとそのことのみを言い続けます。執念深くなるのです。

●過去の栄光やプライドで生きている

後先のことは考えたくありません。自分の輝かしかった栄光の日々を人にもわかってほしく、何度も繰り返し同じ自慢話をします。ときどき「そうだったんですか～」「すごーい」と、答えましょう。

●いつも食べたこと自体を忘れて「何も食べていない」という

何を食べたか忘れるのは認知症に限らずよくあることです。食べたこと自体が記憶にないような時は認知症を疑います。本人は何も食べた記憶がないので、いつも空腹状態で機嫌が悪くなります。仕事を持っている家族はどうしても時間が遅くなり、夕食を待っている本人は早く帰ってきてごはんを作ってほしいから、仕事を辞めてなどということもあります。自分のことしか考えられません。

●衣服の着方がわからなくなる

朝起きてボーっとしていたり、長い間ベッドに座ったりしている時は用意してある衣服をどの順番でどうやって袖を通したら良いか？ 等考えあぐねていることもあります。「ダメじゃない、着替えもしないで」等、責める言葉は避けて何気なく「バンザイしてみようか」等袖を通す言葉の工夫をして促します。袖さえ通してしまえば着替えがスムーズにいきます。

●昔、イヤな目にあったことなどは記憶してフラッシュバックする
（負の感情は残る）

ふとしたことで、あそこのデイサービスでは酷い目にあった等、本人の妄想が入り混じって口汚く止めどなく怒りをあらわにします。言っているそばから自分の言っていることに反応して腹立たしい気持ちが倍増して、きりがなくブツブツ言っています。そういう時は本人の気持ちを逸らす言動をします。「アッ！！」と指を天井に向けて「月の横に何かあるよ」などと言って、怒りの記憶を無くさせましょう。

●いつも「サイフ・カギ・メガネ・入れ歯」等を捜している

どこに置いたのか忘れるのはみんな同じですが、記憶が無いので思い出しようがなく時には押し入れの布団の間に鍵が入っていたなど大事なものは隠しておきたいので自分ひとりでは見つけられなくなります。一緒に捜してあったら知らせてあげることです。

●家族の顔等がわからなくなる

いつも一緒に同居する家族などはわかりますが、たまにくる家族の顔は忘れて「どちら様でしたか？」と、言われたりします。来た事自体も忘れたりします。

●転倒することが多くなる

足の歩幅が狭くなり、前に進みずらくなるのと、前かがみが多いので転倒する時は前に倒れることが多いようです。お年寄りがよく顔にコブやアザなどがあるのは、前に倒れて転んだ証拠です。本人は転んだこと自体も覚えていません。

●徘徊が問題になる、時間感覚や認識がなくなる（ここはどこ？）

常に自分の居場所はここで良いのかどうか？　悩んでいます。前のことをまったく覚えていないのでどうしてここにいるのか不思議で自分はここにいても良いのか等誰にでもたずねてきます。

●弄便《ろうべん》、尿便失禁、立ったり座ったりが難しくなる

筋力が衰えると、便意、尿意の感覚も薄れます。弄便は不安でいつも不安でおしりをまさぐってしまうことをいいます。そのため指が汚くなっています。余り歩かなくなり家にいることが多くなると、筋力が衰えて立ち座りもできなくなります。

●誤嚥の危険が多くなる

要介護４、５になると、のみ込みが悪くなります。体力もないので、ゴクンと口から物を入れて飲み込んだようでも、水分が不足等していたら、口の中にまだ入っているのに、次々

にたべさせてしまったりすると、喉で詰まってしまいます。そこに水分を入れると肺の近くでぱんぱんになり、むせ込んで肺に食べ物が入ってしまい、ゴホゴホと苦しみます。一口一口丁寧にゴクンというまで口にものを入れないこと。誤嚥性肺炎は死につながる危険と隣り合わせです。

●いちばん介護してもらっている人に暴言などを吐く

いちばん介護してくれている人は本人にとってはお母さんのようなものです。自分が一番わがままを言える相手でもあるので、子供のころのようにダダっ子になってしまう面も持ち合わせています。遠慮がないので手加減なく色々と言いますが、親しいからだと受け止めて下さい。

◎認知症になっても4つの心は生きている・・・

1 寂しさ、孤独を抱えている

自分自身がどうなってしまうのか、何も覚えていない怖さや、周りの人と会話がかみ合わないことに、疎外感を感じ、広い大地に一人ぼっちのような孤独にさいなまれています。「大丈夫、私たちがいるから」と安心していただきます。

2 人の気持ちを敏感に察する

こちらがイライラしていたり、せせこましかったりすると自分が何もできない悔しさやお荷物になっている意識で暗い気持ちを抱きます。そんな時は明るく接してあげましょう。

3 相手を思う心

介護をしている人の体調などが悪かったりすれば、やっぱり心配されます。優しい心もちゃんと残っているのです。

4 感謝の気持ち

死期に近づくほど、介護している人に「ありがとう」と言っています。無意識のうちに感謝しないと悔いが残ると思われているのです。

過去に自分がどういう人間だったのかは記憶されているので「その人らしさ」は残る

過去の自慢話はとめどなく話します。誰が何といおうとそれが自分の歴史なのです。聞いている人は静かに傾聴しましょう。

第五章

介護を楽にするために考え直すこと

介護を楽にするために考え直すこと

1. 仕事はやめない

介護は決して一人ではできません。人を頼らないと自分が病気になります。介護のプロに少しでも手伝っていただければ自分の人生をギセイにしているという感情が少しでも薄れます。当然それはお金がかかります。働かなければお金は減っていきます。仕事を辞めれば収入がなくなり次の仕事もなかなか得られなくなります。お金がなければ精神的に余裕がなくなるので介護する人される人共にいつもイライラしてしまいます。自分の精神バランスを保つためにも介護するだけでストレスを発散できない状態を避けて明るく生きていく方が疲れません。介護を断ち切って区切りをつける時間が必要です。

2. 責任感はすでに十分あるので介護漬けにならない

介護している人は自分がやらなければ誰もやってくれないという責任感が強く、他人から見ればお人好しと思われるくらい誠実な人が多いのですが、他の人にも頼って良いのです。あなたがいなくても誰か（例えばヘルパーさん）が穴を埋めてくれます。出来るだけ多くの時間を自分が自由になれるように他人に託して下さい。無責任と思われるくらいでちょうどよいのです。介護漬けになったら自分の体も痛みますし自分が先に死ぬか介護心中になるだけです（介護をしすぎて、介護される人より先に亡くなる人も多くいます）。

3. 一日一回一緒にごはんを食べよう

ゆっくりした動作で介護されている人と忙しく働いて介護する人とでは食事の時間帯が違ってきます。そのことを介護されている人はとても寂しく感じて「いつも一人でご飯を食べているから食欲がなくなる」とうったえられたりします。一日一回夕食だけでも家族がそろってご飯を食べる習慣があれば、介護される人の気持ちも落ち着き、お互いに明るく暮らせます。食欲も出て栄養バランスが良くなり、介護される人は長生きされます。

4. 隠さず隣近所に伝える、プロを頼む

よく、体裁が悪いとか恥ずかしいからと認知症の親を近所の人にひた隠したり、閉じ込めて出さない人がいますが、閉鎖すればともにうつ病になるだけです。近所の人には特に近況を良く説明して協力を仰ぎどんなことで困っているかなど打ち明け親しくしておくと徘徊や

おかしな行動をしていた時など情報をくれますので、強い味方になります。オープンに周りの人々の理解を得るとみんなが安心して暮らせます。

介護会社やヘルパーさん、ボランティアさん、民生委員、お回りさん等と連携すれば徘徊しても早く見つかります。介護はチームワークが大切です。

5．作り話に巻き込まれない

認知症の初期や中期の段階では、自分が忘れたことを人のせいにしたり、どうしてそうなったかと嘘をつくつもりで言っているのではない作り話を良くされます。すごく分かりにくいのですがヘルパーさんでさえ振り回されて巻き込まれ結局それは現実と違っていたなど、戸惑うことがよくあります。そういう時は一番介護している人が辛い思いをしています。介護している人の話を聞いてみて下さい。これは介護しない人が親の意見を全面的に信じてしまうと良く起こるトラブルの原因でもあります。

6．説明説得は逆切れされる、納得する一言を

お年寄りや認知症の人に長々と色々な説明をしても少し前のことは覚えていませんので、不思議なことを言われているなとかえって混乱を招きます。余り長いこと説明されると自分

が起こられてお説教されているのだと勘違いされて突然怒りだすこともあり、怒りの感情はエスカレートして止まらなくなりますので何かを言いたい時は相手が納得できる一言だけ言えばお互い穏やかに過ごせます。

7.毒を吐かれて頭に来たら外に出て叫ぶ

認知症の人は一番介護している人などにわがままをいいたいのに、忙しそうで自分のいうことを介護する人に聞いてもらえないなど、モヤモヤ感を溜め込むと、我慢することができなくなります。子どものようにダダをこねるように人を平気で傷つける言葉を投げかけたりもします。本人は何を言ったか覚えていないので、言い返しても無駄です。介護している人の溜まったストレスのはけ口は夜に公園や道端で大声を出したり、カラオケルームに行くなどすると、少しはスッキリします。

8.カンペキが良いとは思わないこと

介護している人の重圧は計りしれません。介護していない家族などからの誤解や認識の違いを避けようと必死になって完璧介護を目指しますが、誰に何を言われてもそれなりにしっかりやっているのですから完璧にやる必要など全くありません。言いたい人には言わせておけば良いのです。やらないことの方が罪なのだと言い聞かせて少し知らんかおの介護で十分足りるのです。気にしないこと。人は負の感情と明るい希望と闘って生きています。これだけ介護したのだからきっと良いことが待っていると思って明るく生きて下さい。

9．介護される人を一人にする時間は仕方ないと割り切る

24時間べったり一緒にいることなど不可能です。そんなことをしたら、自分自身が病気になって立ち直れなくなります。特に仕事をもっている人などは後ろ髪引かれても、首を絞められても自分の時間を大切に使って下さい。介護される人も大事ですが、自分の人生は一度だけ。やりたいことがあればそちらを貫く為の努力をして下さい。

10．1日1回ごみ一袋はとにかく捨てる（ゴミ屋敷になるのを避ける）

介護を長年やっていると、ストレスと疲れで片付けることは後まわしになり、やがて足の踏み場も無いほどのごみ屋敷状態になります。体が動かなくなった一人暮らしの老人なども しかり。ヘルパーさんなどが入ればゴミ捨て、特に使い捨てたおむつや、タンスの中に使い

捨てたおむつ等が入っていることがあります。古くなった食べ物等、気を付けて捨ててくれますが、手が付けられなくなれば火事の心配等他人に迷惑を及ぼします。衛生上、安全上よくないのでできなくなったらお近くの区役所、市役所、社会福祉協議会や地域包括支援センターなどに電話して下さい。

11.自分のイライラは相手の不安を招く鏡、アイラブミーの精神で自分を一番健康に保とう

介護に取られる時間が長くなると、介護している人の心は余裕なく、いつもイライラし始めます。一緒にいて誰よりもそのことを敏感に察するのが認知症である本人です。相手がイライラしていれば当然不安になりますから、その心も鏡の如くイライラしてきます。お互いの精神上よくありませんので、デイサービスやショートステイ等を頼むか、同居の家族に協力してもらう、余裕があれば自費扱いでヘルパーさんを頼みます。別居している家族に頼むのも良いのですがかえってトラブルの元になることもありますので、よく話し合って注意してください。自分の心と体が一番健康であるためのあらゆる工夫をして下さい。

介護される人は最近１００歳を越えて長くなっています。自分が先に病に倒れてしまうかもしれません。介護する人は優等生や良い子にならなくていいのです。要領よく自分が楽しめる時間をたくさん作りましょう。

ストレスや疲れをためこむ人生にしないことが大事です。ネガティブな心はネガティブな心を生み出すアリ地獄。ポジティブな声かけをすれば、相手もポジティブに傾きます。

◎介護をしていない家族の認識とは・・・

●年だからこの程度のことはよくある

自分の家族のことはついつい後回しにするかひいき目に見てしまい、客観的に判断できません。冷静に見守れるのは他人だったりお嫁さんだったりしますが、他の家族と意見が違うと根深いトラブルの原因に繋がります。公共の地域包括支援センターや介護会社のケアマネージャー等に聞いていただき、初期認知症かどうか早めに物忘れ外来を受診してください。

●あんなにシッカリした人が認知症になるわけがない

特に介護をしていない、遠くの親戚等が「認知症」と言われるのを嫌がります。身近で介護している人はいち早く「おや？ 変だ」と気づくのですが家族間ギャップがあり、溝を埋めるのは至難の業。毎日接している人は余計なことでも疲れてしまうので、多大なストレスになります。介護しない家族は自分の考え方を一歩譲って認知症の親のいっていることだけを鵜呑みにしない冷静さをもっていただき、よく話し合わないと、家族崩壊の原因を作ります。

●あの時はたまたま体調が悪かっただけ

憶測で判断をするのは危険です。客観的に見てくれる人をできるだけ多くもって下さい。自分の勝手な独りよがりの考え方が正しいと専門家などに相談しないで判断してしまうと、悪循環や認知症悪化につながります。

介護する人が疲れない声かけのやり方9か条

疲れていればイライラ暗い顔、相手も不安、明るさが大事

① ハッハッハの笑いが解決！

「そうか、おばあちゃんも辛いんだよね、我慢してるんだよね」、といって泣かせる（聞いてうれしい一言は感動して信頼につながります）。言葉に困っても笑顔で接すれば相手は安心します。

② 悪く言われても気にしない！

「そうか、私がやったのですね」とオウム返し。

「ごめんなさいね」「おばあちゃん●●さん、亡くなったんですってよ！」と話を上手に切り替える（認知症に人の毒吐きは介護している人の心に突き刺さり2、3日引きずって立ち直れない場合もありますが、“一分経ったら忘れること”を利用して話を切り替えれば、お互いが楽になります。）

③ 真剣に考えない

「私はバカですから」と一言。

介護される人のプライドを優先させる（細かいことを気にせずスルーすることを覚えると楽になります）。

④ ご挨拶は礼儀（キチンとすれば相手も納得）

●明るく「おはようございます」

年寄りや認知症の人は死を意識して、寝たらずっと起きられないのではないかと不安を感じています。朝はボーッとしていますので、明るい声で顔を見て「おはようございます」と言えば、さみしさや不安な心が紛れて今日も生きていると安心できるのです。認知症のお年寄りは眠る時間が早い分夜中眠れずおかしな行動をしたりもします。夜間せん妄等もあり、明け方はボーッとしていることも多いのでずっと寝かせておくのではなく、雨戸やカーテンを開けてお日様に当たっていただきましょう。こちらが明るく「おはようございます」と声かけすると本人のやる気を誘います。起こして着替えまでは気分が良いか悪いかで天と地の差があります。

●「お仕事いってきます」

何も言わずにそっと出かけるのは孤独な心を余計に増長します。ハッキリと正直に「行ってきます」といえば、そういうものだとわかってくれます。相手が疑心暗鬼にならないようにメリハリをつけましょう。

●「ありがとうございました」

一番大事なのは感謝の気持ちです。どんな時でも何があっても最後にありがとうと言われればそしてみんながお互い言い合えば気持ちよく元気をもらえます。介護される人々は、何もできないで人に頼っていることに申し訳なく負い目を感じていつもありがとうね、と人に言っています。しかし、本当はさみしい気持ちでいっぱいでそれなりに人の役に立ちたいと考えています。何か仕事をしてもらって出来栄えはともかく、思いやりで「お手伝いありがとうございました」の一言で、役に立ったという喜びでいっぱいになるのです。お互い温かい気持ちになります。

●「よろしくお願いします」

余計なことだから放っておいて、とか、何もするな、とか介護を拒否される方も多くいます。そういう時にはとにかくよろしくお願いしますと頭を下げて素直に言えば相手も頑なな気持がほぐれて仕事がやりやすくなります。認知症の人はプライドを重んじますので、何かあった時など上から目線で何もしないでそこにいて、と言われれば寂しく感じます。最初に一礼して、「よろしくお願い致します」と敬えばとても気分が良くなり、元気でいてくれます。

●「おやすみなさい」

寝る時には子どものようにぐずる時も多々あります。介護している人はイラっとしても手を握って布団をかけて寒くないか聞いて目をみてお休みなさいと言えば安心します。安心すれば早くに休んでくれますから。お年寄りはよく眠ります。眠いと言われたらすぐにベッドに誘い、着替えをしていただき、スタンドや目覚まし時計、お水、入歯、眼鏡等の点検をして布団をかけた後、寒くないか聞いてから、ひざまずいて同じ目線で「おやすみなさい」と言えば、リラックスしてくれます。それでも寝ない時は体のどこかに不調がないかチェックしてみて下さい。

●「こんにちは」

お昼を過ぎたらヘルパーさんや周りの人たちはきちんと「こんにちは」とあいさつをします。認知症の人は時間の感覚がわからなくなっているので、その言葉でお昼とか、午後なのだと、判断が付き安心できます。

「おはようございます」から、「こんにちは」に変われば、お昼なのだ、と理解する大事な言葉です。時間を意識するため、あいさつにメリハリをつけましょう。

●「ご無沙していています」

ヘルパーさんなどは一週間に毎日伺うことは余りありませんが、一週間会わなければ全く覚えていないこともありますので、常に「あなたの味方が来ました」というアピールをするためにも「ご無沙汰しています」と言えば、知らない人ではないと、警戒されなくてすみます。ポイントとして孤独や不安を取り除く言葉を投げかけるとお互いに明るい対応ができます。たまにしか会わない人は顔を覚えていません。「あなたどちら様？」と言われるといわれたほうもショックを感じます。「僕だよ、忘れちゃったの？」というと、本人のプライドを傷つけることになりますので、一歩下がって「ご無沙汰しています」と最初に一言いえば、認知症の人もそれなりに考えてくれます。その後でお年寄りの若かったころの思い出話をされると落ち着かれます。

⑤「ありがとう」を自分自身に言う（みんなに感謝の言葉を）

介護で疲れた時には、自分自身の言葉が一番大事だと自分をねぎらって下さい。無理をすれば自分の人生が縮みます。

《 I LOVE ME の精神で 》

[自分が一番大事]

長い間、自宅介護をしていると、介護している人は誰でも疲れて自立神経失調症や心筋梗塞、脳梗塞になる確率が高くなります。場合によって介護されている人より、早くお亡くなりになる方もいます。加えてコロナの環境などを意識すれば介護うつ病のリスクは多大なものになります。肩の力を抜いて窓を開けて深呼吸をして、どんな時でも自分が健康でいることが一番大事なのだと気を抜いて自分のいちばん好きなことができる時間を無理にでも作ります。

[私の体にありがとう]

自分が倒れたら、誰もやってくれる人がいないと思わないこと。自分がいなくても誰かがやってくれるのです。すべてを「真面目にやろうとしない」が、自分の体を一番大切にする基本です。

そして、周りのみんなに**「ありがとう」**の言葉を言いましょう。これが自分を励まし、ネガティブ思考や介護うつ病にならないための秘訣です。

⑥ 叱るのは逆ギレを招く

とんちんかんな話だと思っても説得や否定は通じない。昔のことは覚えていても今のことは1、2分で全く頭の中から消えてしまう。折角やってあげたのにと叱っても覚えていないことを言われれば（そんなことはしていない）と反撃されるだけ。頭ごなしに否定、怒る、子供扱いする、は自尊心を傷付ける。

⑦ 低い声で、下から目線で、ひざまづいて

あなたの話を聞きますね、という態度を取ります。できれば手を握ってあげると良いと思います。

「苦労して考えたんですね」「がんばりましたね」と相手の話の途中で一言労います。決して逆らわないで否定しないで、その人の人生談を傾聴すると、穏やかに満足されます。よく、私なんか何もできないから・・・と何もかも拒否されたり、昔の習慣で遠慮するのが美徳と考えている人は消極的で必要以上に人から遠ざかりたがるのですが、その人が、何が得意でやれることなのか、見極めることが大事です。一緒にやろうと声をかけて、お互いが明るく考えられるように楽しくできることをしてもらいます。（ぬかみそをかき回す等）それは培ってきた人生を輝かせることでもあるので、積極的に聞き出しましょう。焦らずゆっくり急がせないで聞いてあげることが大事です。

8 両者、プライド合戦をしない

認知症の人は覚えていないこともあり、自分の言ったことは一番正しいと思っています。とにかく「ごめんね」「ごめんなさいね」「私が気つかなくて・・・」と下手にでて演じ、譲りましょう。

9 褒めるとみんな悪い気はしません

「あら〜、センスがいいですね」「さすがですね」「素晴らしいアイデアですね」の「あら〜！」「さすが！」「素晴らしい！」が相手に響けば「昔、私はすごかったのよ」と自慢話がはじまります。何回も同じ自慢を言われると聞いている方はうんざりしてしまいますが、言った方は前に話したことを忘れているのですから、こちらは聞き流しながら、このあいづちをしてみると、自分のことを聞いてくれた満足感で穏やかになってくれます。

コラム

運転免許をスムーズに返納していただく方法

初期から中期の認知症の人は自分がまさか認知症だという自覚がありません。

運転できるということが自分のプライドを保つ救いだったりもしますので､家族は「あれ？おかしいな･･･」と思って「そろそろ返上したら？」と言えば大抵の人が怒って家族を困らせたりもします。運転が以前に比べて荒っぽくなってきたり、物忘れなどがひどくなってきたら要注意！

昨今テレビなどで大きな人身事故につながる、アクセルとブレーキの踏み間違いが本人の自覚のないところでいつ起こるかが分かりません。もし事故が起こってしまったら注意をしていなかった家族も間接的に責任を負う可能性があります。

ただ家族は「みんなに迷惑がかかるから運転は辞めてくれ！」とか、「年なんだから！」とか、本人のプライドを傷つける言い回しをしてしまいますので、逆効果になります。プライドを保たせて納得させて、気持ちよく返上してもらうには、テレビでのアクセルブレーキ間違いの人身事故のニュースをビデオにして会話の度にさりげなく見せる方法（すり込み）と、近くの交番に行って、警官に説得していだいたり、地域の事故状況のデータを教えていただき、本人に伝えるという方法、ケアマネージャーさんや提供責任者さん等、家族と同席しての説得、それでもだめなら「80歳以上の運転は禁止されました（警察庁交通安全課）」というダミーの貼り紙を用意してガレージや車の前のガラスに貼っておくことです。

家族の言うことには反発しても、国の規則になったと言えば、従わざるを得なくなります。特にプライドの高い認知症の方には有効です。

また、年を取ると本人は気が付かないのですが、視界が劇的に狭まりますので、自動車免許証を書き換える時等、運転技術をチェックしてもらい、第三者に冷静に判断してもらいましょう。もう一つは、かかりつけの医師の先生にハッキリと返上してもらった方が良いと、言ってもらいましょう。先生に言われると自分はそんなに病気がひどくなったのか…と多少のショックはありますが、効き目はあります。

初期、中期の認知症は家族の方でも「うちの親に限ってそんなことはない」と認めたがらないものですが、もし、人身事故を起こしてしまって他人の命を奪ってしまってからでは遅いので、70歳過ぎたら、ご家族共々真剣に検討してみて下さい。とにかく他人を利用しましょう。ケアマネージャーさんがいなければ地域包括支援センターの方に来てもらって説得してもらうと良いでしょう。

ポイント

❶テレビでのアクセルブレーキ間違いの人身事故ニュースをビデオにさりげなく何度も見せよう（すり込み）

❷交番のおまわりさんに聞いてみよう

❸ケアマネージャーさんや提供責任者さんなど、家族と同席しての説得

❹法律で「80歳以上は運転不可能だと定められました（警察庁交通安全課）」等のダミーの貼り紙をしてみよう

❺免許書き換えの時等、運転技術をチェックしてもらう

❻運転していいか？ お医者さんに聞いてみよう

【あれ？ そろそろ返上？】

認知症で危ない兆しとして自分の家の車庫に入れられなくなったら要注意です。そろそろ返上を考えましょう。

第六章

介護する人の うつ病対策

罪悪感をもたない介護のやり方

あなたがいなくても地球は廻っています。介護される人に全部の愛を捧げなくても良いのです。少しの時間で凝縮した愛を注いで下さい。

あなたなりの相手への殺し文句をいつも言い続ければ、きっと通じます。日本は世界でもうつ病の多い国。家にこもれば危険、危険。自分を解放させること、外に出ること、少しでも多くの時間を自分の自由のために使います。春は花、思いっきり空気を吸ってみましょう。あなたが明るく変われば介護される人も明るい笑顔になります。介護が不十分等ではないか？と、自分に罪悪感が出てきたら支えられてきた周りの人に「ありがとう」、そして「自分にありがとう」。自分をたくさん褒めてあげましょう。

あなたは人より数倍面倒を看ている介護の神さまなのですから。

【介護をする人の考え方】

BAD	GOOD
一人で介護する	プロなどみんなで介護する
完璧な介護	おおらかな介護
自分でなければ	人に頼ってよい
私なんかじゃだめだ	開き直り
ダラダラ介護 (仕方がないからやる)	メリハリ介護(時間)を 区切って行う
自分の自由を犠牲にする	自分の自由を守る
勉強をしない	事前知識を豊富にする
愛があれば大丈夫と思う	プロに相談する
ストレスを溜める	自分を解放する

【介護をしない人の考え方】

BAD	GOOD
介護をしている人を悪くいう	介護する人を労う
嫉妬	介護する人に感謝する
自分だけが親を思っている	介護する人がいて 自分が自由でいられる
介護なんていつでもできる	プロの介護する人にも 感謝の気持ち
介護費用を払わない	できない分、払う

◎介護する人のうつ病対策ー同じ境遇の人と交流する・・・

ほとんどの家庭では、毎日介護する人が一人に集中してしまいます。家族会議で分散した介護をしましょうと、言われても現実にそれはキレイごとで、毎日介護しない家族と、ずっと介護される人と一緒に暮らす人の間には、長年の積み重ねから大きな溝が出来上がってしまいます。毎日介護している人が自由に旅行に行きたいと思っても、介護される当人がショートステイなどを拒めば、旅行も夢のまた夢で終わります。毎日介護する人は「自分の人生って何なのだろう?」「どうして私だけ?」といつも自問しています。

がんじがらめのろう獄がいつまで続くのか? 責任感の強い人ほど介護を頑張ってしまい、風邪をひいても、寝込むことさえできず自分の体にムチをうち自分を嘆き、苦しみと葛藤します。発散しないでのみ込む毎日。介護疲れからいつもイライラ。「上手に発散して介護しよう」なんて、やらない人の理想でしかないと、介護する人と共に閉じこもりがちになってしまいます。そして二人だけの世界。

両親ともに引き受けて一人で2、3人の介護をされている方は時間に追われ次から次へと介護の仕事をこなさなければならないので、かえって時間の使い方も自由時間の取り方も明るさを失わず、ヘルパーさんやデイサービスを利用して建設的に自分を作っていくことに長けています。

私だけが介護される人を理解している、私がいなくなれば介護される人は生きていけなくなる、という思いは、〝介護うつ〟病を招くきっかけを作ってしまい、介護される人も同じようにイライラさせてしまいます。

そんな時、認知症という病は爆発すると、自分の意思とは関係なくすごい力が出て暴れ出しますので、ますます大混乱。疲れて投げ出したくても投げ出せない環境に絶望を感じ、介護自殺を考えるようになります。

そんな時、誰かが来て、なんと言われたら楽になるか？　同じような境遇の人々の「私も同じです。」という一言が一番薬になります。やらない家族では説得できません。

介護という言葉がある限り、同じ体験をしている人々はたくさんいますから、自分だけの悲劇ではないと思えると、不思議に安心できるのです。

家族の会や、介護教室、介護カフェなどでいろいろな方の生の体験談を聞いて、自分の体験も自然に話してみましょう。気が付けばちゃんと発散している自分に巡り合えます。ＳＮＳ等であなたの思いを発散するのも良いでしょう。あなたの生の体験談は宝物です。介護をするということは貧乏くじではありません。それとは逆で、幸運のチャンスを与えられているのです。体験は身になり、人として広い視野で客観的に人間観察ができるようになります。自分がステップアップすればことは円滑に運ぶようになり、より良いアイデアも浮かんできます。介護は人としての究極を求められるものだからこそ、最終的に究極の喜びを味わえるものなのです。みんなで分かち合いましょう。

◎介護のモヤモヤ解決策・・・

介護者は「最後の母の役割」で、甘えさせてあげなければいけない、広い心の持主になれ、と大概の本には書いてあります。

しかし、何年も何十年も認知症の方と一緒に暮らせば、いい加減にしてほしい気持ちや、いつまでこんなことが続くのだろう？ という心の叫びや疲れの方が増してきます。ましてコロナ禍で外出もままならない、介護する人のイライラ感はついつい声を荒げたりして当然です。敏感な認知症の人の感性はそんな心をいち早く察し、自分を守ってくれないと、冷たい氷のような手で触ったとか、きつく無理やり行きたくない方へ行かされたとか、怒られて怒鳴られたとかを、言葉に出す前に噛みついたり、ひっかいたり、叩いたり、蹴ったり、介護する人はお母さんのように思っていますので、大きな幼児のように全力で抵抗の心を介護する人にぶつけます。

こちらも思わず怒鳴ってしまったり、やめなさいと手を掴んでしまうのはいつまで経っても堂々めぐりで逆効果でお互いが格闘技をやってハアハアと疲れているようなもの。

そうなる前に急がば廻れで、気分を良くさせて、スッとやることをやってもらった方が楽に介護が行えます。怒りながらやるより、笑顔で対処した方がお互いスムーズに納得する介護に辿り付けます。

コロナ禍においては特に窓やカーテンを開けて空気の入れ替えをして一緒に外の空気を吸ってみるだけでも気持ち良い微笑みが生まれます。買い物に行くときに何で連れて行かないの？とせがまれてもコロナだからと言って聞かせても通用しません。不安だからついて行きたいという気持ちを理解して「行かないから」と心をしずめて話を切り替えて思い出話などをして眠気を誘います。適当に自分の負担が軽くなるウソをつきましょう。

コロナ禍での認知症介護をしなければならない現実は、介護する人にとっては、より一層自分が牢獄に入れられたような気持ちになっても不思議ではありませんが、逆の考え方で今までも同じような状況下にあったのだから、むしろ買い物に一緒に行かなくても良いし認知症のお年寄りの方は一人ではない安心感でコロナ禍の前よりも少し落ち着かれていると思います。介護する人がマスクを着けて手洗いうがいを行い、通常通りに対応していればかえってお互いが穏やかに落ち着かれます。

認知症の方は何も分からないのではありません。
介護は「究極の人間学」です。
関わって「人」を学べばいつの間にか自分が向上します。

「生きている」ことを感謝して（軌道修正）、介護の近道を一言だけ言ってみて下さい。結果はご自身が肌で感じて受け止めて下されば大成功です。

●相続法の改正について―「特別寄与料」として介護費用の請求が可能に もう「嫁に家無し」の時代ではなくなりました！

昔から、「嫁に家無し」と言われていましたが、タダ働きや不公平感を防ぐため相続法が改正され、令和2年7月から、義父などの介護される人と同居しながら介護を積極的に行っている嫁等の六親等内の親族も、遺産分割に際して相続人に対し介護費用等を「特別寄与料」として請求できるようなりました。介護する人の苦労が少しでも報われる世の中になってきています。

くどいようですが、一番大切なのは介護は一人で抱え込まない、コロナ禍では特にそうです。チームで行うこと。一番身近にいる人は必ずと言って良いほど一人で背負い込んでしまい心身ともにひずみが出来てしまってもそれに気が付かないでどんどん自分をパニックに近い状況に陥らせてしまいます。ほかのうつ病と比較すると介護うつ病はそこに責任逃れできないことが立ちはだかっていることで、ますます自分自身を追い詰めてしまうことになります。大事なのは全部をさらけだして人に聞いてもらうこと。そして自分のやりたいことや仕事を続けていくこと。介護漬けになることだけが人生の全てではないのです。ピーンと張った糸が切れたら、心身ともに大打撃になります。人生一度だけ、この人の前なら私は泣けるという相談相手を探して、心を楽に保ちましょう。

◎介護に疲れたときはひと休み・・・

自分の人生は何度も輝くチャンスがあるのです。今は犠牲と感じていても何もできないと思い込んでいても、生きていればきっとあなたは飛躍できる。希望を持ってください。

巻末プロフィールのページの私のアート作品は舅、姑の介護で大変な時に近くの公園でブランコにのってずっと上を向き、木洩れ日を眺めながら思いつきました。古来から変わらぬ自然の時の流れを表現しています。毎日3、4時間しか眠れず心身ともに疲れ果てていましたが、希望を捨てずに表現しました。今になると、この経験が私を大きく飛躍させてくれました。例え少ない時間でも深呼吸をしてちょっと羽を休めて下さい。そして、元々あるあなたの素晴らしい潜在能力を伸ばして下さい。介護をする人々は本当に素晴らしい心を持った人として尊敬する方々ばかりですから。皆思いやりのある声かけ術をマスターすれば要領よく介護から解放される時間が作れます。

コラム

コロナ禍での救急対応

1．介護される人の就寝前に**検温、血圧測定、血中酸素濃度測定**をします。（本人が体調変化に気づきにくいため）

2．救急車を呼ぶ前に、**最寄りの市区町村窓口**に相談を！
救急車を呼ぶまでの緊急の症状ではないけれども心配なので誰かに相談したい、という場合は、まず最寄りの市区町村の窓口に電話相談してみましょう。

ほとんどの市区町村には対応窓口がありますので、気になる症状について具体的に伝えます。

救急車を呼んだ方がよいと言われたら、１１９番に連絡して、対応してもらいましょう。

3．**用意するもの**
① お薬手帳
② 診察券
③ 薬
④ 保険証

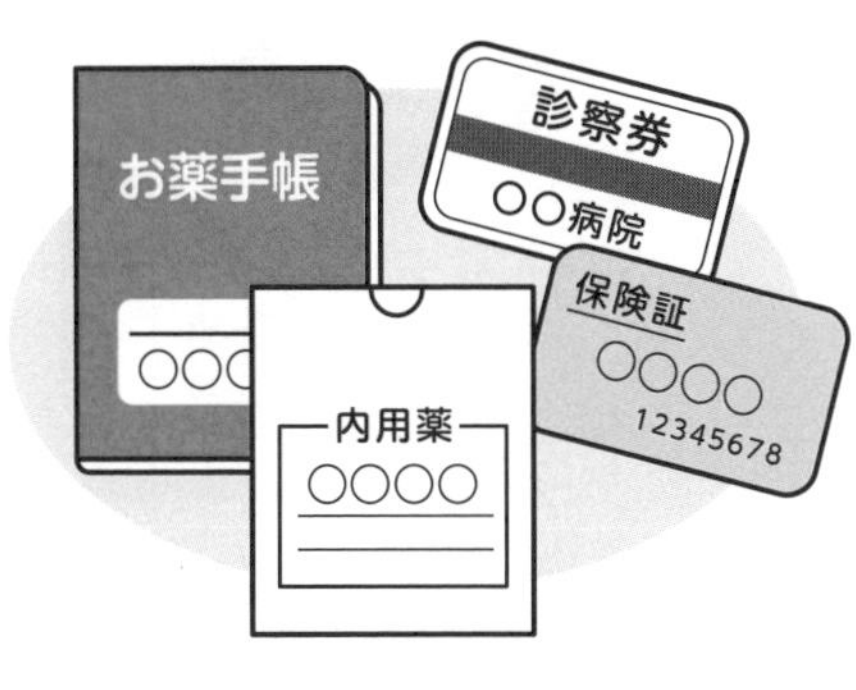

介護者は置き場所を普段から把握しておきます。

介護者家族が同乗するのが普通ですが、新型コロナウィルス感染防止や密の回避のため、本人と別々の車で行くことをおすすめします。

4．**緊急引き継ぎノート**を作る

日頃から介護されている人の体調メモノート（一日二回朝融に体温測定、血圧、体調、食欲、咳の有無、見守る人の有無など）を作っておきます。

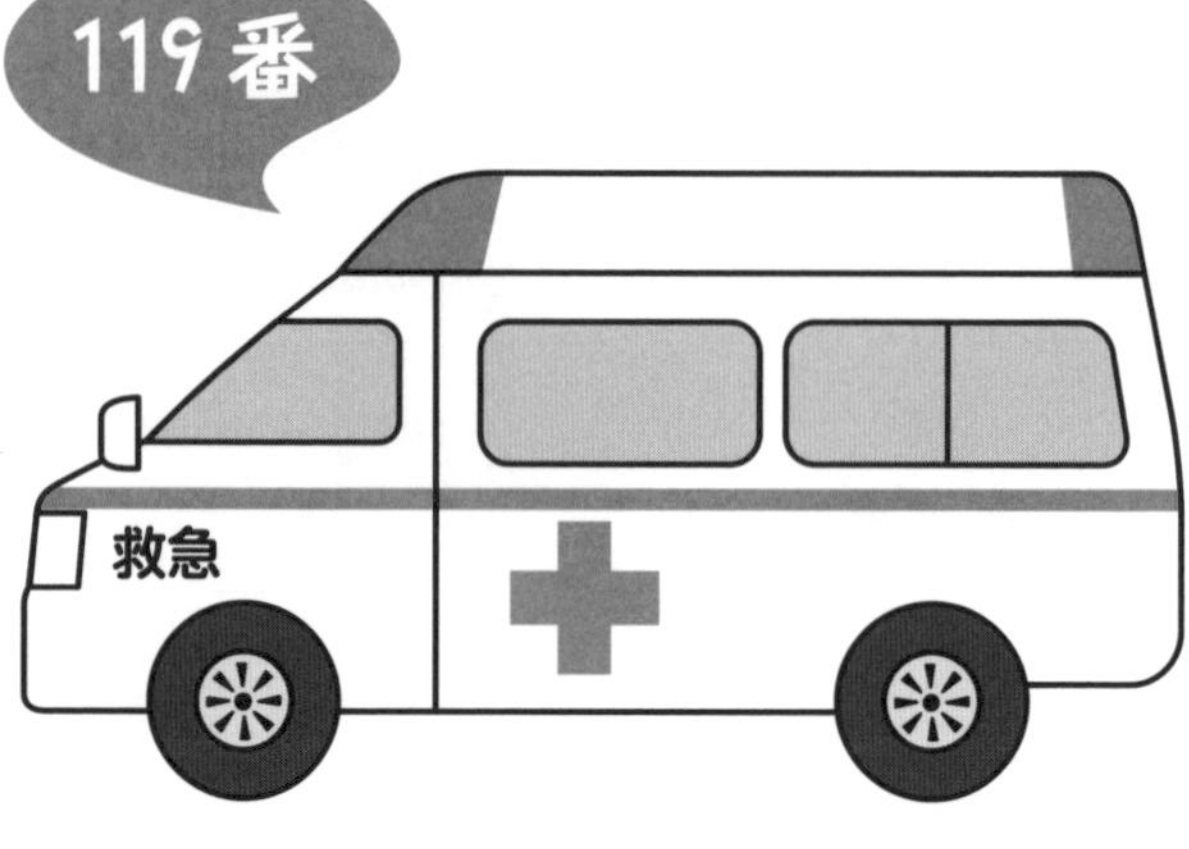

第七章

コロナ禍の今、
知っておくと安心な
感染症対策

◎ステイホーム介護のうつ病対策・・・

悪者呼ばわりされるのは一番介護している人、認知症の人は私を邪魔もの扱いにすると言います。そんなことない、いつも心配しているからいてくれて感謝しているよ、と声かけしてコロナ時代はできるだけ飛沫を広げないために後ろから抱きしめてあげて下さい。

親戚や近所の人に「自分がお金を出した」等ともっともらしい作り話をすることがありますが、否定してもダメなので、お茶を入れるのでお話聞きますね、とお茶の支度をしにいくと作り話自体を忘れています。

親戚、特に血のつながった人は認知症の人のいうことを本当だと思い込み親が認知症だと認めませんが、コロナ時代誤解が解けない場合は親戚であっても、距離を置いて特にお金が絡んだ場合は作り話だと証明するものを取っておくとよいです。その日にあったことなどを記録日誌にして、近所の人などには認知症への理解を促し、症状を知ってもらいますが、時々訪問してもらうのは避けましょう。介護する人が一番うつ病になりやすい原因ですので記録日記をつけてからは分かってくれない人とは接しないで、気にしない、特に認知症の人とずっと一緒にいるストレスでうつ病にならないためにはマイペースで良いのです。理解のある人は同じ経験をした人。介護のプロや近所の人に同じ経験をした人がいないか聞いてみるか、インターネットなどで検索してみると沢山の経験者に出会えます。わかってもらえないと思い、自分の殻に閉じこもり認知症の人と2人だけで暮らすのは危険です。自分が一番大事。

自分の精神を正常に保つため理解のある人とSNSやメール、手紙などでつながることが大事です。介護する人、される人の不安を取り除くためコロナを持たず、広げず、持ち込まず。マスクとうがい、手洗い、ドアノブやテーブルの裏や、冷蔵庫の取っ手の裏の消毒を習慣にしましょう。寝たきりの方は自分で手を洗えませんので、フィンガーボールで洗うかマメに拭いて消毒をして差し上げるとお互いが安心です。きちんと怖がって感染予防すれば余計な不安は取り除けます。

●マスクの効用について

近頃は、マスクもあっという間にいろいろ進化して、不織布のものだけでなく、ウレタン製品、ガーゼ、お洒落な柄の布マスクなど色々な種類のものが出てきて、どれを選んでよいか迷ってしまうほどです。インドではマスクに総ダイヤモンドを付けた冠婚用のものもあるようです。コロナウイルスのような菌を絶対寄せ付けたくなければ、不織布が一番で、布製はウイルス除去には余り期待はできませんが、夏の熱中症を避けるためには、ウレタン製が一番汗をかかないようです。

布やガーゼは天然素材で何回も洗えるので、清潔で息苦しさや、皮膚のかぶれや赤みになる人にはベストです。

筆者も皮膚が敏感ですので、外を歩くときには布やガーゼだけで、リハビリや、軽い介護の仕事に行く等、人と濃厚接触する時だけ、大判ガーゼマスクを加え、不織布マスクを重ねてつけています。以前マスクが足りなかったときには、不織布マスクの中にキッチンペーパータオルをたたんで入れて使い捨てていました。

●うがいや手洗いの仕方

うがいは2、3回ガラガラした位では口やのどはきれいにはなりません。口の中は細菌の巣です。まず先にブクブクと3回以上丁寧に口の中をゆすぎます。その後、上を向いたガラガラうがいを5回ほど行うと良いと思います。特に食後等はできれば歯間ブラシでゴミを取り、歯磨きをしてからブクブク口内のごみさらいをしておきます。それをしないと肺の方にゴミが入りやすくなって誤嚥や咳の原因を作ります。ガラガラはできるだけのどの奥のほうに届くようにむせないように行って下さい。途中でのどの方に鼻水が出てきた場合は鼻水がのどに落ちなくなるまで、ガラガラうがいを続けるとスッキリします。

イソジンを最後に少量使う方もいますが、甲状腺疾患やアレルギーのある方等には、抗菌効果が強い分、副作用にも注意しないと危険です。少しでも人と手を触れたり買い物などでカゴやカートを使ったりした場合は、フェイスタオル等で手指が当たる部分をガードすることをお勧めします。家のドアノブや冷蔵庫の取っ手周りなども消毒して手を30秒以上かけて石鹸で手洗いし、タオルで指股まで丁寧に拭いた後、手に消毒薬を吹きかけておきます。習慣にすれば1日数回やっても苦でなくなります。夏等は汗をかいていますので、何気なく人と触れたところ、首回り、肘まで洗って拭くと、気持ち良く過ごせます。衣類は汗をかかない限りは頻繁に着替えなくても大丈夫です。

◎認知症の方の転倒防止のために・・・

転倒で一番多いのは家の中の絨毯のへり、敷物、マット類につまづくのと、玄関カマチです。年を取ると視野が狭くなり足元が見えません。足がすり足になり上がりにくいためです。前方はかすんでいて、足元も見えにくいため、空中を歩いているようなものです。それを少しでも緩和させる方法として、ご家族は、軽い運動を促しましょう。

認知症の方はすぐに忘れてしまうので、家族と一緒に運動を心がけることが大切です。ご家族も一緒に体を動かすことができるので一石二鳥です。

● 伸脚運動

まず椅子に深く座ります。両足をそろえ、無理のない程度に上げられるところまで、両足を上げます。ただし、お年寄りはとても張り切って何回も行いますが、その数日後足がつって立てなくなります。或いは、筋肉痛等の痛みが２、３日後に出てきたり、足がつったりして、かえって転倒に繋がることになります。初めての時は３回くらい、慣れてきても１回の回数は５回くらいまでにしましょう。毎日継続することや、思い出した時にやることが効果的です。

● グーパー運動

お年寄りは握力が弱くなるので、ペットボトルの蓋などが開けられなくなります。

グーパー運動を思い出した時、常にやっていると、握力低下を防げます。

◎感染症等を防ぐ習慣について・・・

食事の時やトイレの後、外から帰った時はせっけん（液体せっけん）で手洗い30秒。指股、手指の先、手首の上まで、ゆっくりしっかり洗いましょう。タオルで拭いても良いのですが、ペーパータオルで拭いて拭き終わったものはビニールの袋の中に縛ってから、ごみ箱に捨てましょう。手洗いは習慣にすることで本人の自立につながります。

うがいは、朝起きた時、外出後に行いましょう。まず、口の中をブクブクさせます。口の中の菌が肺の近くまで行かないように、すぐにガラガラうがいをせず、一旦口の中でブクブクうがいをします。ゆっくりで良いので、ブクブクうがいをしっかりすることで、口の中の菌がだいぶなくなります。（入れ歯は必ず外して行って下さい。また、入歯は水道水で良く洗ってから洗浄剤に入れて下さい）その後、上を向いてガラガラうがいを行って下さい。3～4回行うと良いでしょう。食事の後に歯を磨くのも有効です。

これを日常的に行い、習慣にしていくと、感染症等の病気にかかりにくくなります。

◎トイレでの注意・・・

外出先では必ず便座をペーパーで拭きましょう（除菌スプレーが備え付けてあれば使用します）。使った後も再度便座を拭き、しぶきが飛び地らないよう蓋を必ずしめてから流しましょう。普段の生活習慣が何よりも大事です。

排泄物には菌が多い為、ヘルパーさんは排泄介助をする時は必ずゴム手袋をしています。

感染症の基礎知識

※「在宅介護のための感染症予防ハンドブック」（茨城県）から一部抜粋して作成

◎どのようにして病原微生物が病気を起こすのでしょうか

感染源

- 病原微生物、汚染された手指、器具、機材など

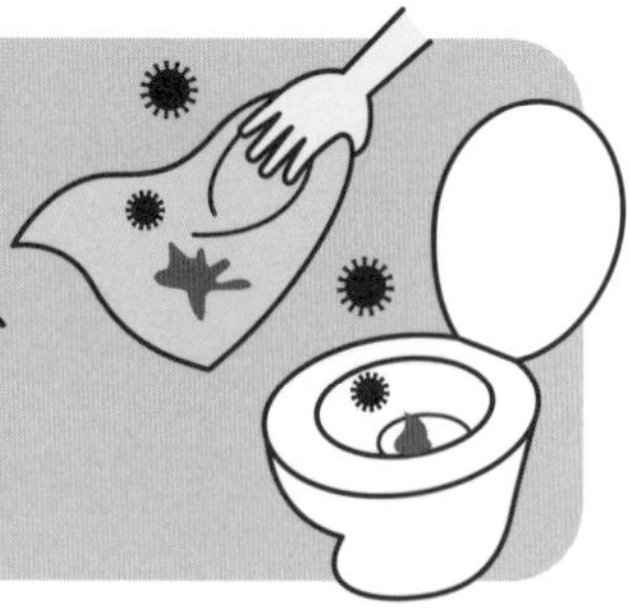

感染経路

- 空気感染
- 飛沫感染
- 接触感染

宿主（ヒト）

- 高齢者
- 乳幼児
- 抵抗力の落ちた人（ガン・白血病・糖尿病患者など）

※病原微生物が私たちの体内に入り、増殖することにより、発熱・腹痛・下痢・皮疹など、身体の異常をきたした状態が**「感染症」**です。

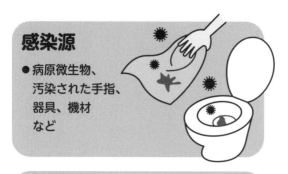

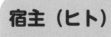

◎病原微生物から身を守るためにどうすればいいでしょうか

感染経路を遮断する
●マスクをする
●手を洗う
●うがいをする
●手袋をする
感染源を取り除く
●消毒剤につける
●熱湯をかける
宿主(ヒト)の抵抗力を高める

●ワクチン接種
●体力をつける

◎具体的な予防策とは？

●手洗い

感染症予防の基本は「手洗い」です。用途に応じた正しい手洗い方法を行うことで、要介護者や自分自身、家族への感染リスクを最小限にすることが出来ます。

【手洗いの手順】

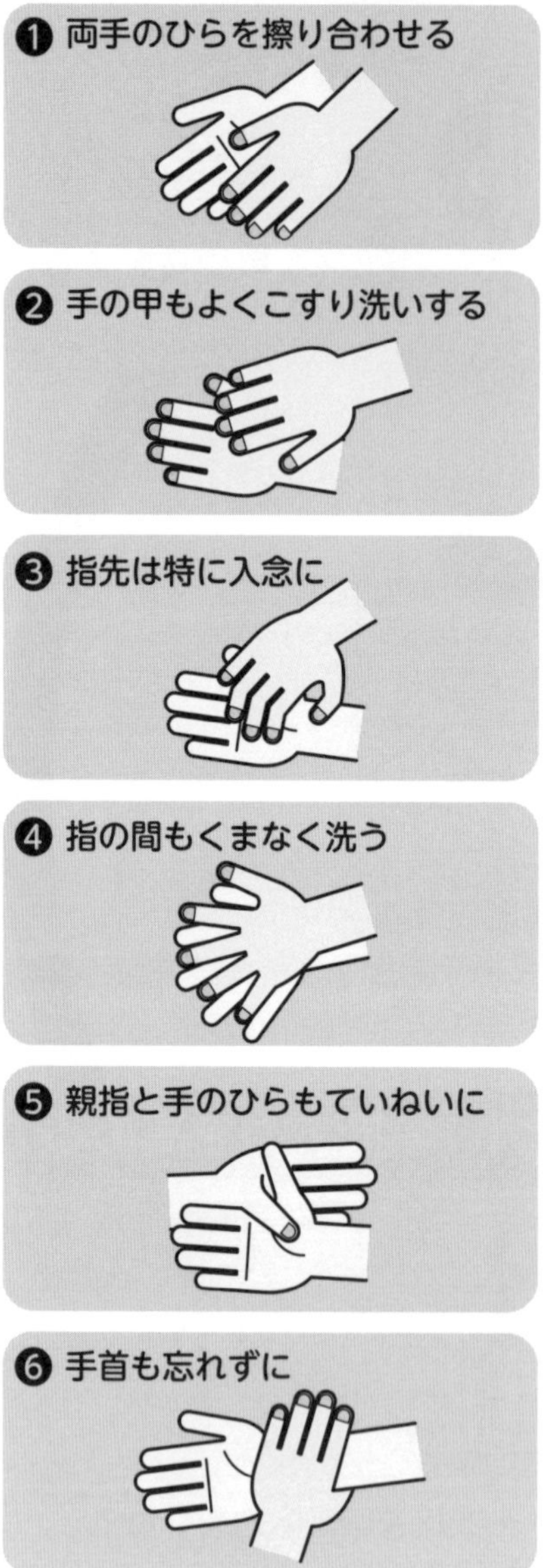

❶ 両手のひらを擦り合わせる
❷ 手の甲もよくこすり洗いする
❸ 指先は特に入念に
❹ 指の間もくまなく洗う
❺ 親指と手のひらもていねいに
❻ 手首も忘れずに

◎胃腸炎（ノロウイルス）

胃腸炎を起こす原因ウイルスや細菌は、いくつかありますが、最近多く見られるのはノロウイルスです。少量のウイルスで感染すると言われており、感染者の便や嘔吐物から、食品や手を介して人から人へ感染します。下痢便や嘔吐物の処理を素手で直接扱わないことが重要です。

【ウイルス性胃腸炎を含めた下痢症状患者の主な対応】

	方　法	注意点
入浴	入浴は、できるだけ浴槽につからず、シャワー又はかけ湯（入る場合は最後にする）	バスタオルなども本人専用
排泄介助	手袋着用。手袋を外した後、手洗い	おむつ交換の場合は、1ケアごとに手袋を取り替える
清掃	0.02％次亜塩素酸ナトリウムを含ませたペーパータオル等で拭く。トイレの取っ手やドアノブなど、金属の部分は腐食を防ぐために10分後水拭きする	ポータブル便器などを使用した場合、0.1％次亜塩素酸ナトリウムに漬けてから洗浄・乾燥
衣類・シーツ	衣類・シーツなどは、通常の洗濯・乾燥	吐物や糞便で汚染された場合、ビニール袋に密閉して廃棄するか、汚物を落とした後、0.1％次亜塩素酸ナトリウムに10分以上漬けてから、他のものとは別に洗濯・乾燥（漂白剤作用があるので注意）
食器	食器は洗剤と流水でよく洗浄・乾燥	感染者が使用した食器は、次亜塩素酸ナトリウムに浸し消毒する
調理	調理した食品を直接手で触れない	感染者がいる家庭では、治るまでの間、野菜を含めた食品全てに十分な加熱 ※ノロウイルス死滅のためには食品の中心部が85～90℃で90秒間以上加熱する

【床などに飛び散った患者の嘔吐物の処理方法】

❶ マスク、使い捨てのガウンまたはエプロン、手袋する

❷ バケツに消毒液を作り、その中に新聞紙やタオルなどを浸す

❸ まず、新聞紙で嘔吐物を取り除き、次にタオルで拭く

❹ 拭き取った新聞紙やタオルはビニール袋へ入れる

❺ すべて入れ終わったビニール袋の口をしっかりと縛る

❻ 嘔吐物入りのビニール袋を、別のビニール袋へ入れる

❼ 同じ袋に使用した手袋なども一緒に入れ、しっかりと縛る

❽ 嘔吐物を拭き取った場所は、消毒薬で湿らせたタオルなどでしばらく（10～30分）覆っておく

※吐物は半径2～3mぐらいまで飛び散るので、広範囲を消毒するとともに靴底の消毒もする

※塩素系消毒薬は、金属を腐食させるので良く拭き取り、10分くらいしたら水で拭く

❾ しっかりと手洗い、うがいする

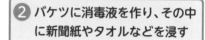

【 要介護者の全身状態の観察チェックリスト 】

項　目	チェック欄
応答はいつもと変わりないか	
息苦しい様子はないか	
睡眠はじゅうぶん取れているか	
どこかかゆみ、痛みはないか	
熱はいつもより高い、または低くはないか	
咳や痰はないか	
下痢や便秘、腹痛はないか	
皮膚に異常（発赤、むくみ、腫れ、褥瘡、乾燥など）はないか	
目の充血、涙や目やにはないか	
鼻水・鼻づまり、くしゃみはないか	
耳だれ、痛みはないか、聞こえづらくはないか	
口内炎や歯ぐきの異常（出血など）はないか	
顔色や唇の色はいつも通りか	

【 自己管理 】

<table>
<tr><th colspan="2">項　目</th><th>チェック欄</th></tr>
<tr><td colspan="2">自分の体調は良好か</td><td></td></tr>
<tr><td colspan="2">うがい・手洗いを行ったか</td><td></td></tr>
<tr><td rowspan="3">《訪問介護の場合》</td><td>訪問着を区別して着用しているか</td><td></td></tr>
<tr><td>必要な持ち物の確認をしたか</td><td></td></tr>
<tr><td>必要に応じて「記録・報告・相談」をしたか</td><td></td></tr>
</table>

汚物処理のマニュアル

ポイント1

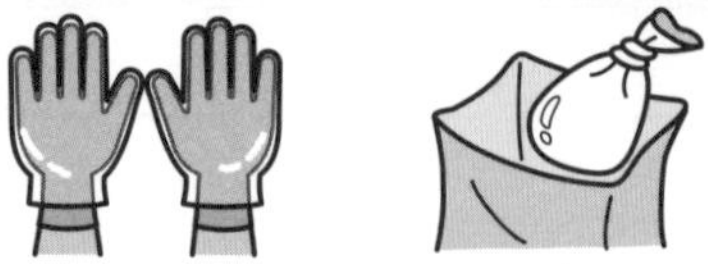

手袋の２枚重ね、回収袋の二重使用が重要です。

ポイント2

❶

手袋の袖口をつかんで手袋の外側が内側になるように引っ張り出します。

❷

もう片方の手袋外側に触れないように、手袋を外した手を袖口に差し入れます

❸

❶と同じように外側が内側になるように引っ張り出します。

あらかじめ準備するもの

- 塩素系漂白剤
- 「スマートハイジーン嘔吐物固め隊」
- ３ℓ以上入る調整容器

「スマートハイジーン」汚物の処理セット内容

- 使い捨て手袋　２双(4枚)
- 使い捨てガウン　１枚
- 使い捨てマスク　１枚
- 使い捨てシューズカバー　１足(2枚)
- ポリ袋　２枚
- ペーパータオル　20枚
- マニュアルカード　１枚

【準　備】

❶ 感染防止品の着用

装飾品は外します。

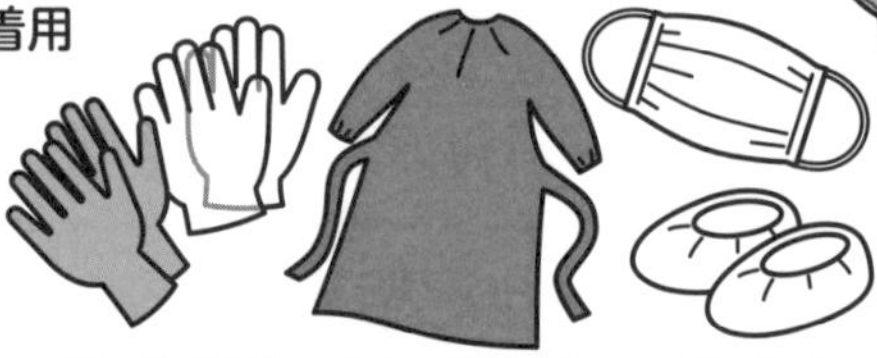

使い捨て手袋、マスク、ガウン、シューズカバーを着用します。

❸ 塩素系漂白剤の調整方法

(1000ppm 以上)

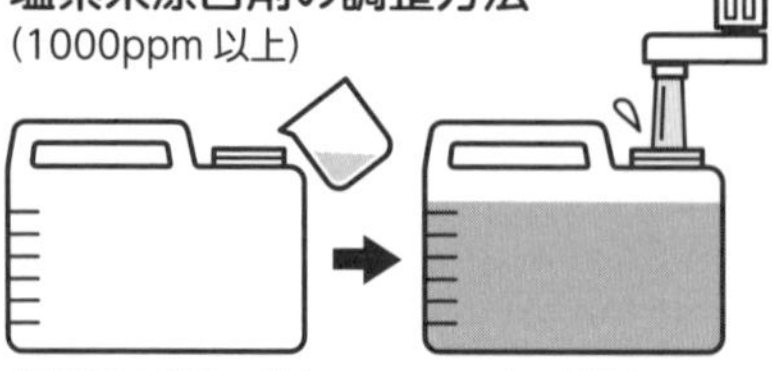

塩素漂白剤5～6%　　水、約3ℓ

❷ ゴミ袋の準備

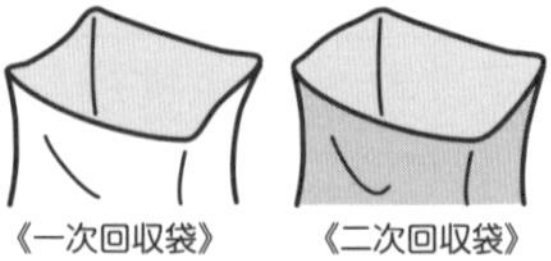

《一次回収袋》　《二次回収袋》

２つのゴミ袋の口を開けて用意しておきます。

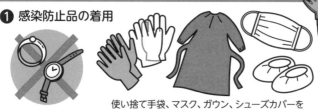

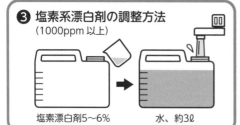

【 汚物（嘔吐物・排泄物等）の処理 】

❶ 換気・立ち入り禁止

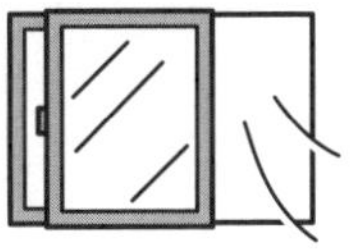

窓を開けるなど、換気を十分に行い、処理する人以外は汚物に近づけないようにします。

❷ 汚物の凝固／汚物の処理

「嘔吐物固め隊」を汚物にふりかけ、2分程度静置し、凝固させます。
または、ペーパータオルなどでおおい、調整した次亜塩素酸ナトリウム液を汚物と同量分、飛び散らないように静かに注ぎます。

❸ 汚物の回収

ペーパータオルを使って、汚物を外から内に向けて取り除きます。

❹ 使用品と手袋の回収とシューズカバーの清浄化

使用したペーパータオル、外側の手袋を回収袋に入れます。調整した次亜塩素酸ナトリウム液に浸したペーパータオルなどで、シューズカバー表面・底面についた汚物を拭き取り、使用後、回収袋に入れます。

❺ 一次回収物の清浄化

調整した次亜塩素酸ナトリウム液を回収袋の内容物がまんべんなくぬれる程度に入れ、液が漏れないように、袋の口をしっかりしばり、二次回収袋に入れます。

❻ 床および壁の清浄化

10分後
床拭きは外から内へ
壁拭きは上から下へ

汚物を取り除いた床は、ペーパータオルなどでおおい、調整した次亜塩素酸ナトリウム液（調整液）を注ぎます。壁は調整液に浸したペーパータオルなどを貼り付けます。10分程度おいた後、新しいペーパータオルなどで取り除き、さらに調整液に浸したペーパータオルなどで汚染範囲の床・壁などを拭き取り、その後、水拭きします。

❼ 感染防止品の取り外し

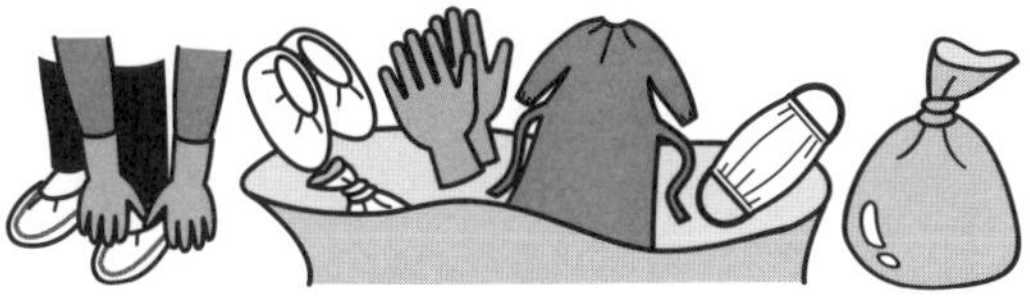

シューズカバーを外し、次いで、手袋、ガウン、マスクの順に、表面を触らないように外し、回収袋に入れ、ゴミとして処分します。

❽ 手洗いとうがい

処理後には手洗いを2度行い、うがいをします。

コラム

口腔ケアと認知症の関係

口腔ケアと認知症の関係・アルツハイマー型認知症は、発症する20年以前から原因の蓄積が始まります。九州大学の研究グループの発表によると、口腔内歯周病の原因菌は放っておくとアルツハイマー型認知症の脳に蓄積するということです。今までは認知症は脳の研究が主でしたが、歯周病にならないような行動をとれば認知症になるリスクを減らせるということもわかってきました。食後歯間ブラシで歯のゴミ取りをした後に歯磨きをします。特に夜眠る前の歯磨きが有効です。歯周病は20代で60％、40代で70％、60代で80％の人がなります。口臭、歯茎の腫れは細菌が生息しているので注意して下さい！

巻末資料

最新！
医療費、入所費を
安くする方法

自宅介護から

▼

転倒

▼

救急車

▼

病院入院手続き
（内金10万円 ※即必要）

⋮

▼

「負担減額認定書」を申請しましょう

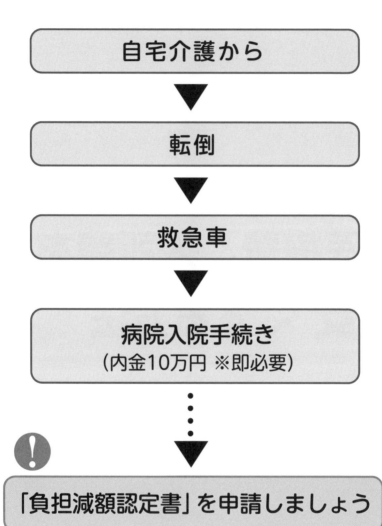

❶

【後期高齢者医療限度額適用・標準負担限度額認定書】（サンプル）

後期高齢者医療限度額適用・標準負担額減額認定証

有効期限　令和○年　○月○日
交付年月日　令和○年　○月○日

被保険者番号		0 0 1 2 3 4 5 6	
被保険者	住所	○○市○○町○丁目○番地○号	
	氏名	○○○○子	女
	生年月日	大正○年　○月○日	
発効期日		令和○年　○月○日	
適用区分		区分Ⅰ	
長期入院該当年月日			保険者印
保険者番号並びに保険者の名称及び印		12345678 ○○県後期高齢者医療広域連合	

スムーズなもらい方

市役所、区役所、国民健康保険課、
高齢者医療担当

▼

健康保険証と判子（三文判）
※シャチハタ不可

▼

ご本人の年金が入金される金融機関通帳

★すぐにその場でもらえます

▼

そして、病院清算時に

① 緑の介護保険証書
② 後期高齢者医療限度額適用・標準負担限度額認定書（サンプル❶）
③ 保険証

を提出して下さい。

★支払いの負担が区分にもよりますが、1/3 程度減額されます。

【自己負担額の例】

平成30年8月～

後期高齢者医療　限度額適用・標準負担額減額認定証のお知らせ

診療を受ける際に「後期高齢者医療限度額適用・標準負担額減額認定証」を医療機関に提示することにより、自己負担限度額が適用され、入院時食事代の標準負担額が減額されます。

●対象になる方　　あなた様は　区分Ⅰ　・　区分Ⅱ　となります。

「区分Ⅰ」・・・世帯の全員が市町村民税非課税で、その世帯全員の各所得（年金の収入は控除額を80万円として計算）が0円になる方

「区分Ⅱ」・・・世帯の全員が、市町村民税非課税の方（区分Ⅰ以外の方）

●医療費が高額になったとき

自己負担限度額（月額）

<table>
<tr><th colspan="2">所得区分</th><th>外来の限度額（個人単位）</th><th>外来＋入院の限度額（世帯単位）</th></tr>
<tr><td rowspan="3">【１割負担】</td><td>一　般</td><td>１８，０００円</td><td>５７，０００円</td></tr>
<tr><td>区分Ⅱ</td><td rowspan="2">８，０００円</td><td>２４，６００円</td></tr>
<tr><td>区分１</td><td>１５，０００円</td></tr>
<tr><td colspan="4">（※）直近１２ヶ月以内に３回以上世帯単位の高額療養費の該当となった場合、４回目以降の自己負担限度額が４４，４００円に減額されます（多数回該当）。</td></tr>
</table>

●入院したときの食事代

入院時食事代の標準負担額（１食あたり）

<table>
<tr><th colspan="3">所得区分</th><th>標準限度額</th></tr>
<tr><td rowspan="4">【１割負担】</td><td colspan="2">一　般</td><td>４６０円</td></tr>
<tr><td rowspan="2">区分Ⅱ</td><td>９０日までの入院</td><td>２１０円</td></tr>
<tr><td>過去１２ヶ月で９０日を超える入院【長期該当】</td><td>１６０円</td></tr>
<tr><td colspan="2">区分Ⅰ</td><td>１００円</td></tr>
</table>

●療養病床に入院した場合の食費・居住費の標準負担額

入院医療の必要性の高い状態が継続する患者、及び回復期リハビリテーション病棟に入院している患者については、上記の「入院時食事代の標準限度額」と同額を負担します（居住費負担はありません）。

<table>
<tr><th colspan="2">所得区分</th><th>１食あたりの食費</th><th>１日あたりの居住費</th></tr>
<tr><td rowspan="4">【１割負担】</td><td>一　般</td><td>４６０円</td><td rowspan="3">３７０円</td></tr>
<tr><td>区分Ⅱ</td><td>２１０円</td></tr>
<tr><td>区分１</td><td>１３０円</td></tr>
<tr><td>老齢福祉年金受給者</td><td>１００円</td><td>0円</td></tr>
</table>

●「区分Ⅱ」に該当される方へ【長期該当について】

認定証が交付されてから入院日数の合計が９１日以上となった場合（※2）、『長期該当』の申請ができます。
（※2 入院日数計算は、長期該当申請をする月を含めた過去１２ヶ月間の入院が対象となります。）
申請後、『長期該当』の認定証を交付します。『長期該当』の認定証を医療機関に提示すると、申請日の翌月から食事代が1食あたり１６０円に減額されます。なお、『長期該当』の申請月分（申請日から月末まで）の食事代差額は、本人口座に支給しますので、翌月以降に「食事代差額療養費」をご申請ください。

○『長期該当』申請に必要なもの

病院の領収書など入院日数のわかるもの・本人の印鑑（朱肉を使うもの）・認定証・マイナンバー確認書類・提出者の顔写真付き本人確認書類（個人番号カード・住基カード・運転免許証・障害者手帳など）

○申請窓口

市役所 高齢者医療担当、○○支所、○○出張所、○○行政サービスセンター

【問い合わせ先】○○市 国民健康保険課 高齢者医療担当 電話：000-000-0000（代表）

病院退院後、施設に行く場合の
お得な手続き

▼

「介護保険負担限度額認定書」を申請しましょう

スムーズなもらい方

市役所、区役所、介護保険課、
高齢者医療担当

▼

★先ほどの、後期高齢者医療限度額適用・標準負担限度額認定書を持参し申請

❶ 後期高齢者医療限度額適用・標準負担限度額認定書
❷ 介護保険負担限度額認定書

※申請は１度に済ませてしまいましょう。
ただし、❷は審査後、約2週程度で自宅に郵送されます。

❷
【介護保険負担限度額認定書】
(サンプル)

介護保険負担限度額認定証

交付年月日　令和〇年　〇月〇日

被保険者	番号	0000009999	
	住所	〇〇市〇〇町〇丁目〇番地〇号	
	フリガナ		
	氏名		
	生年月日	大正〇年　〇月〇日	男・女
	適用年月日	令和〇年　〇月〇日　から	
	有効期限	令和〇年　〇月〇日　まで	
食費の負担限度額		650円	
居住費又は滞在費の負担限度額		ユニット型個室　1,310円 ユニット型個室的多床室　1,310円 従来型個室（特養型）　820円 従来型個室（老健・療養型）　1,310円 多床室　370円	
保険者番号並びに保険者の名称及び印		1 2 3 4 5 6 〇〇県〇〇市〇〇町〇丁目〇番地〇号 〇〇市 電話　012（345）6789	

病院入院時の得する最新情報
医療費1割負担者の方が大変お得

【平成30年～実施】

（※金額は各市区町村により異なります）

**病院入院、施設入院時に市役所に申請すると
かなりの金額が返ってくる要領のよいやり方**

- 家族と同居の後期高齢者でも年金のみのひり暮らしということに、設定する。
- 病院入院時、清算前に「後期高齢者医療限度額適用・標準負担額減額認定証」を市役所からもらって、病院会計に渡す。
- 市役所にもらう時は本人の健康保険書と判子があればすぐに出してもらえる。
- 後期高齢者（医療費1割負担者）の場合、病院入院時に10万円の手付金を支払います。しかし「後期高齢者医療限度額適用・標準負担額減額認定証」を提出すれば、退院清算時に入院手術費、ベッド代も含め、ひと月医療費15,000円と、食費1日100円のみで済みます。

※レンタル貸し出し料（パジャマ、車いす、拘束帯等）は実費。ただし、本人に2000万円以上の預貯金がある場合はこの認定は受けられません。つまり、扶養家族にしないことがポイント。

施設入所時の得する裏技

- 「介護負担限度額認定書」を市役所で手続きします。
- 手続き時、本人の通帳、お届け印、介護保険証書を窓口に提出します→（介護保険課の窓口へ）
- 審査を通過すれば、約２週間で「介護保険限度額認定書」が送付されます。

  上記の「後期高齢者医療限度額適用・標準負担額減額認定証」がもらえた方は、同時にこちらの認定も受けられます。それにより、施設居住費、または滞在費、食費の負担限度額が安くなります。

※負担限度額は本人が受給している年間年金額により決定されます。

※ 新型コロナウィルス感染症の影響により、制度の運用が通常と異なっている場合があります。利用を考えている方は、最寄りの市区町村窓口に最新の情報をお問い合わせ下さい。

あとがき

認知症の人や介護が必要な人を世話する介護する人の心の苦しみを、介護しない家族にはわかってもらえることは少ないようです。遠くの親戚より近くの他人でご近所の人々、ホームヘルパーさん、訪問看護師さん等や同じ状況下にある友人等の役割は介護する人にとって大きな支えになります。

介護する側も自分たちの老後のこと等も考えれば、働かざるを得ません。介護にはお金がかかりますから。認知症の人に別の家族の所に泊まりに行けば？と誘っても排泄の事などが我が家と勝手が違い我慢することが苦痛であったりするため、本人が嫌がることが多く、毎日介護している家族のストレスは、心の奥で溜まったままになっています。私も三重介護で似たような介護うつ病を経験しています。こういう時には心の余裕がなくなり、思いもよらぬ詐欺に引っかかってしまうこともあります。心の奥の方で爆発できないストレスの穴場は恐ろしい結果を生みます。

私の介護の時は舅、姑、実母と三人重なる時期もあり、更年期障害、自律神経失調症、虚血性心疾患、メヌエル病など、立ち直るのに８年かかりました。そんな時は介護という職場の同僚や、同じ悩みを持つ利用者さん、古くからの友人たちや近所の人々の支えが何よりの救いでした。介護する人はできるだけ多くの人を頼り、ストレスを発散させることが介護される人とのお互いの「ありがとう」を言える生活につながります。これからの世の中、ヘルパーさんは少なくなります。介護うつ病は孤立介護から始まります。コロナ禍で家の中にこもっていればなおさら介護うつ病から心身ともにバランスを崩してネガティブ思考になってしまいます。相談できる人を早く見つけることがカギになります。今はオンラインや家族介護の会や介護 café などで同じ悩みを持つ方と知り合うこともできます。介護しない家族の努力も必須なので話し合いやねぎらい、感謝の言葉を大切にみんなで努力して支え合っていくことが課題です。そして何よりもお互いの安心を大事にするために声をかけ合うことが必要。介護する人、される人、周りで協力する人々、共に助け合うための「一言」はいちばん大事です。介護する人、しない人も介護される人への「愛」は変わりません。誰か一人が「ギセイ」と感じないようみんなの生活がイキイキとして輝けば、介護される人もきっと良い笑顔になって下さいます。

この本に携わってくれた皆さま方に心から感謝いたします。

プロフィール

大石 幸枝（おおいし・ゆきえ）

1949年東京生まれ。

介護福祉士として24年。舅、姑、実母、夫（がん闘病時）を介護しながら要領の良い介護のやり方を研究。介護福祉士として社員ヘルパーにて、訪問介護中心に現場介護の気づきをまとめ上げ、誰でもわかりやすい認知症の人への声かけ方法を開発。

介護する側の人々の心身ケア運動、心と体のケア介護教室を開催。


国際アーティストとして54年。ニューヨーク、カナダ、オランダ、ニュージーランド、パリ、上海等に出展。

1970年以降サロン・ド・トーンヌ、サロン・デュ・ブラン SDB賞、国際芸術女流大賞、トリコロール最高芸術金賞等、国際美術賞受賞歴30賞余。

松屋銀座個展7回他、市川文化人。

いのちと向き合うアーティストとして、TV特集、介護と立体コラージュアートにて土台から全く新しい融合手法とアイデンティティーを追究している。

《ブログ》
https://ameblo.jp/kaigodesiawase/

「希望」コラージュ

“ 生命の美と力強さを体験させる名品 ”

画面を縦横無尽に流れる金や紫の美しい曲線。それらに呼応するかのように緑の色面や銀の顆粒が、中央へと意志のあるもののごとく集合してゆく。作品を横断する虹色のベルトを境に、黄金の穂が顔を出す。色彩と素材の意外性、構成の美しさと造形の衝迫力。「希望」は作家の理念、純粋衝動を“ 生命そのもの ”として掲示するところに特色があり、通常のコラージュ表現とは全く異なる位相を切り拓く。生命の象徴としての芸術にこれほどの生気と美を宿らせた作家は、この21世紀には希有であろう。「希望」に対峙する人々は、生への活力、自らの可能性を新生する感動に震えるのではないか。芸術の存在意義を復活させたまさに歴史的名作。

文 / クリスティーヌ・モノー（美術評論家）

《執筆協力》吉田 貴子（よしだ・たかこ）

心理カウンセラー。

著者の心と体のケア介護教室をサポート。人間関係を120％楽しみ尽くす「笑マス®」代表。

《法律監修》弁護士 中里 妃沙子（なかざと・ひさこ）〈丸の内ソレイユ法律事務所所長〉

介護しているあなたが一瞬で楽《ラク》になる声かけ

2021年4月9日　初版第1刷発行

著　　者／大石 幸枝
発 行 者／石井 悟
発 行 所／株式会社 自由国民社
〒171-0033 東京都豊島区高田 3-10-11
http://www.jiyu.co.jp/
電話 03-6233-0781（営業） 03-6233-0786（編集）
本文DTP・イラスト・装丁／小島 文代
印 刷 所／大日本印刷株式会社
製 本 所／新風製本株式会社